淑女的历史

Story Of Gentlewoman

张光明 侍中 / 编译

文匯出版社

图书在版编目（CIP）数据
淑女的历史 / 张光明, 侍中编译. -- 上海 : 文汇出版社,
2015.1
ISBN 978-7-5496-1342-7
Ⅰ. ①淑… Ⅱ. ①张… ②侍… Ⅲ. ①女性－教育史
－研究－英国 Ⅳ. ①G556.19

中国版本图书馆CIP数据核字(2014)第273945号

淑女的历史

编　　译 / 张光明 侍　中

责任编辑 / 季　元
装帧设计 / 张　晋

出版发行 / 文匯出版社
　　　　　上海市威海路755号
　　　　　（邮政编码200041）
经　　销 / 全国新华书店
印刷装订 / 江苏省启东市人民印刷有限公司
版　　次 / 2015年1月第1版
印　　次 / 2015年1月第1次印刷
开　　本 / 787×960　1/16
字　　数 / 98千字
印　　张 / 13

书　　号 / 978-7-5496-1342-7
定　　价 / 40.00元

目录

理查德·布拉斯维特《英国淑女》(1631年)一书中的卷首插图。和写作此类书籍的前人和后人一样，布拉斯维特赞扬了淑女身上有助于提高他人福祉的优良品质：“她持重而虑远的品德为家人带来欢乐。”

PROLOGUE

序言

詹姆士一世曾对他的侍女说他可以遂她的愿把她的儿子封为贵族(lord),但是却无法把他变成一名绅士(gentleman),因为出生贫寒,缺乏教养已经木已成舟,非人力可为了。作为绅士的伴侣,英国淑女(gentlewoman)的历史是一个接受严格的教养的历史,以期婚嫁之后,能够胜任烦难而棘手的家庭事务,也就是说,她将作为“夫君的皇冠”、一个大家族的掌管者,一个显赫家庭的女主人而生活下去。15 世纪后半叶到 19 世纪后半叶间的四百年,出身高于平民的淑女们受到严格的训练,以担负方方面面的职责,人们还误以为那是一种消闲的生活。本书所要探讨的就是催生这一传统的理念,以及处在变化中的淑女们的观念还有她们命运的起起落落,再就是,从今天的视角来看,她们一生更像是一个毕生的事业,这和她们的淑女生涯总有许多不协调处,这也是本书探讨的话题之一。

无庸置疑,本书的探讨范围颇为宽泛,淑女(gentlewoman)这一称号也一样有着宽泛的意义。从其拉丁词源来看,所谓绅士淑女(gentle)仅是指同一氏族、民族甚或是同一家族的意思。该词演变成某一优秀群体的意义是发生在以后的罗曼诸语中,从意大利语和西班牙语派生了整个英语的士绅称谓:绅士、淑

女以及士绅（gentlefolk）。起初，士绅（gentle）和贵族（noble）是作为同义词使用的，以后，士绅多用于指称被依法赋予纹章盾徽的人们，但是并不是任何意义上的贵族。而贵族仅指不同等级的头衔爵位，包括公爵、侯爵、伯爵等。

如此看来，士绅（gentlefolk）的出身虽不如贵族（noble）但还是高居平民之上的；士绅还间或以gentry(缙绅)相换称。由于士绅和贵族两词的同义关系，两者惺惺相惜，出于对“俗众”的厌恶，凡是具有相应品质的人们，不拘地位有多高，也被冠以绅士或淑女。因此本书不拘公主、女王、乡绅夫人、伯爵夫人、贵妇还是穷困的老处女，在本书中都作为淑女有所探讨；这其中，有些人的假面将会被脱下，证明她们是配不上这个美好的称号的。在1710年的《闲谈者》中，斯梯尔说了一句名言“绅士的称号和一个人的某一处境无关，而是和其在该处境中的行为有关。”这句话也同样适用于淑女们。

英国淑女源于几时呢？本书是从1485年开始探讨的，会不会在此之前就有淑女了呢？答案是肯定的，若要沿波讨源，回溯淑女礼仪规范的起始，让我们随着卜伽丘打量一下远古的情况吧。在荷马创造瑙西卡(Nausicaa)之后，淑女就诞生了。瑙西卡是阿尔喀诺俄斯(Alcinous)之女，端庄而纯洁，她放下手中洗着的新婚礼服和使女们玩起了球戏，猛然间看见赤身裸体的奥德修斯(Odysseus)

正沿着海岸向她大踏步走来，她很是愕然。像通常那样，使女们早已远远地跑开了，瑙西卡不愧是一位临危不乱的淑女，安之若素而不失谦逊的气度，在父亲的住宅款待了陌生人奥德修斯，听他讲故事，最终沦为他魅力的俘虏而吃了苦头。“淑女是没有怒火的，她温柔，言语往还持正而温和，”法国骑士德拉朗德（de la Landry）在书中如是说。为了培养英国的淑女们，在15世纪后期译介了他的书。幸运的是，作为国王之女，瑙西卡(Nausicaa)不乏求婚者，我们尚可期盼她的父亲可能更喜欢远较奥德修斯(Odysseus)稳妥的追求者了。

瑙西卡(Nausicaa)对父亲恭顺有加，以后的基督徒淑女也是必须像恭顺上帝那样恭顺父亲的，婚后对丈夫也要一样的恭顺。对夫君的恭顺方面英国淑女仅享有一个例外，那就是当“丈夫的要求和她的声誉、个人救赎相悖，有辱没上帝之嫌”时，她有权拒绝服从。然而，从法律上来说，淑女是受丈夫控制的，对地产、子女和收入是没有权力的，这种情况一直延续至1870年和1882年的第一次和第二次已婚妇女财产法案出台为止。较起真来反对丈夫是不可行的，而且宗教的规训也是反对的。淑女们唯有期盼运气，丈夫们或可不至于有刁蛮的要求；否则，她只能期盼着未来守寡的日子了，那时她可享有一定程度的自主权。

淑女表示恭顺的方式是很明白无误的。她必须表现的谦恭有礼，因为那些和她地位相当的绅士有可能最终成为她的丈夫。礼仪手册上写明的诸如谦虚内敛，百依百顺，语调轻柔，谈话

中力避张扬等都是内心恭顺的外在表现。合乎礼仪，举止得体，保持体面都是重要的规范，此外，出身高贵，自持内敛，教养良好的淑女若要赢得丈夫的器重，成为丈夫炫耀的资本，尤为重要是要保持贞操。当然，有些人是达不到这种理想要求的。民歌和歌曲常常展现一些差强人意的典型，比如爱上兰斯洛特的桂尼维尔（Guinevere），还有一些默默承受的典型，如伊莱恩（Elaine），莎洛特女勋爵（Lady of Shalott），还有仙女摩根（Morgan Le Fay）等，她们代表着女性较为幽暗的一面。

上述的淑女可能破坏了淑女的操守，不过她们也心知肚明。当我们来到15世纪时，我们看到了一群新异、有抱负的淑女们，她们是富裕的羊毛商人的妻女，她们的丈夫或父亲正忙着捐买拥有采邑的贵族爵位、庆贺他们新来的财富。在艾塞克斯（Essex）的科格索尔（Coggeshall）一些羊毛商人原本和平民相差无几，14世纪赚取了大笔钱财后，他们在市中心修建了高大华美的家宅。他们大笔捐助临近的小教堂，作为回报这些教堂每年要为他们亡故的家庭成员吟诵祷文；当地的女修道院院长，虽贵为一方也要屈尊光临的。对于这些商人家庭的女性来说，举止文雅已成为必需，原先生意和家庭搅合在一起的，现在她们可以脱身致力于文雅的事情了。

在诺福克乡村，帕斯顿一家在15世纪持续购买土地，

阿瑟·鲁克斯·利兹的女儿们。

该家族的男性成员成了律师、法官和议员。1469年，约翰·帕斯顿的姐妹马杰里（Margery）新近被加封了从男爵，然而让她欣欣向荣不断高升的家庭大为光火的是她竟然宣布要和她兄弟的管家凯利（Calle）结婚。由于凯利是他们家庭财富中是个不可或缺的人物，他最终还是留下来干他的管家，婚礼也如期举行。马杰里的母亲因此取消了她的继承权。

随着上流社会的扩大，贵族、士绅以及其他新近发财或得到高位从而脱离平民阶层的人们竭力关闭平民通向上流社会的阶梯，他们在行为举止上保持着堂皇的气度，现在培养年轻的绅士淑女成了重要的问题。随着15世纪70年代印刷技术的发明，一系列培养绅士淑女的详尽指南得以出版，这对于那些不是出身名门的父母尤其实用。到了16世纪末，“高雅”（genteel）一词从法国传入，用于描述合乎上流社会规范的仪表举止、教育、饮食起居等。

1628年威廉·普林（William Prynne）大加伐挞女子在前额留卷发的时尚，贬之为“渎神的时尚”，把上流妇女弄成了轻浮浅薄的人了。1665年，塞缪尔·佩皮斯（Samuel Pepys ）吃了一顿“很久以来最高雅精致的一餐”。温文尔雅，着装考究——1785年约翰逊博士是如此描绘上流人士的。一直到19世纪中叶，人们常常是如此使用“高雅”（genteel）一词的，随后，该词渐渐成了贬义词用来嘲讽那些自命风雅的人了。

18世纪中期还有一词很流行，该词折射出当时被逐出士绅阶层人们的可悲境地。这个词就是“破落的士绅”(shabby-genteel)；1754年的《鉴赏家》(Connoisseur)鄙薄了他们，称他们是蒙默思街衣商的主顾，这些庸人想通过买别人的旧衣裳跻身上流社会。平民阶层中富裕的人们可以买上漂亮的马车和昂贵的珠宝，他们模仿起上流社会来更得心应手些，然而，正如詹姆士一世对其侍女之子所担心的那样，他们的出身和教育相对于社会的要求而言存在着很大的不足。在《爱玛》(Emma，1816年）一书中有一个绝妙的例子，爱玛·伍德豪斯心里琢磨着让她的女弟子哈丽特·史密斯和当地殷实的埃尔顿先生成婚，哈丽特却因为出身不好——私生女——而未能如愿。而埃尔顿先生也心比天高地向哈特菲尔德的伍德豪斯小姐求起婚来。当爱玛规劝埃尔顿应该向哈丽特而不是向她求婚时，埃尔顿又恼又羞地说道：“每个人的等级不一样……我并不是毫无希望找到般配的人儿而非要找史密斯小姐不可的”。埃尔顿后来娶了埃尔顿女勋爵霍金斯小姐，比起哈丽特，她有一万英镑的嫁妆，而这个优势是富裕的爱玛看不到的。现在霍金斯太太大谈特谈的就是她的阔姐夫，他刚刚得来的住宅“枫树林”，还有她的好丈夫等。在爱玛看来，这个埃尔顿太太是个“小暴发户，大俗人一个……自命不凡，骄横做作，轻佻失礼，毫无教养。”哈丽特和埃尔顿太太的出身和教养都有不足，而埃尔顿太太却以一万英镑的优势胜出了。

有时，如果婚姻对一位淑女来说是经济保障的话，她就有必要对血统的问题马虎一点，同样，如果财富能让平民的后代跻身上流社会的话，那么贫困也可以轻易地让上流社会的人沦为平民。淑女不能像男性那样可以凭借阳刚之力，她们更可能有这样的遭遇。盖斯凯尔夫人在《克兰福特》（Cranford，1853年）中描述了淑女们是如何靠不失体面的节俭来维持生活水准的。简金斯（Jenkyns）家的小姐们有客人要来访，她们仔仔细细在新买的地毯上铺上纸张，从客厅一直到她们的座椅边。福雷斯特夫人认真地看着女佣从沙发下面取出茶盘，仿佛那才是放茶盘的好地方，佣人们用茶盘端上来蛋糕时，她那一副专注而又超然的神情，仿佛那不是她早上亲手做出来的蛋糕似的。

淑女们倘或运势不佳，节俭就成了令人不快却又不得不为之的持身之道了。丽贝卡·韦斯特（Rebecca West）的《漫溢的泉水》（The Fountain Overflows）一书描绘了20世纪初到伦敦南部探望表亲康斯坦斯及其女儿罗塞蒙德一家的罗斯和她的母亲。罗斯是该书的叙述者，她说道“我很平静地意识到康斯坦斯和一些被称为底层的人住在一起……出身好些的孩子可能会称他们是穷人，不过他们中的大多数并不比我们穷到哪里去。他们住在丑陋的街区里的又破又丑的房子里，到了周六晚上邻居们就会喝得大醉，他们不读书，不弹琴也不去画廊，彼此间粗鲁得可以……不是每天洗浴……要想不至于落到这步田地，我们就得靠自己，我家的亲戚以至于此，我也没什么大惊小怪的……”

为生活所迫，康斯坦斯和罗塞蒙德在邦德街的一家店铺做计件工的活儿。杰克给她们的贴补少得可怜，她们只得为那些更幸运的淑女们做活儿了，为她们的上衣和荷叶边绣上姓名的缩写字母。在罗斯家的花园里，她们俯身耐心做针线活的情景像是一幅对英国淑女的讽刺画——几英尺的布料上布满她们的精工刺绣也能表示她们有着这样的闲暇。

几个世纪以来，对英国淑女品质的要求并未多大的变化。在16世纪，心地善良，博施与人是为人期待的品质，20世纪依然如此，不同的是她们的慈善行为有了不同的形式而已。16世纪她们的慈善活动是在家中的储藏室进行的，为其它家庭准备药品等，到了17世纪，她们来到乡村为村民治疗背痛和捐建慈善学校和济贫院。到了18世纪，她们不大在乡村做护理工作而是在城镇里向慈善事业提供经济支持。19世纪，上层妇女的慈善行为有了很大发展；出现了像南丁格尔（Florence Nightingale）、勃蒂乔恩（Barbara Bodichon）、佩吉特（Rosalind Paget）这样的人们，她们为贫病交加的人们、没有受过多少教育的人们还有生产中的妇女们做了实质性的工作。一群像伯代特－库茨(Burdett−Coutts)女男爵那样杰出的妇女慈善家们为此项事业做经济支持，其他不那么富有的妇女则组织义卖活动等。不过，控制基金使用的委员会却是在男性的掌控下的。19世纪的70和

80年代，任何有意新潮的慈善机构都受皇室特科女公爵的照顾，她是玛丽女王又热情又铺张的母亲。在第一次世界大战中，她们自愿承担工作的精神具有不可低估的价值。

自从16世纪30年代解散修道院以来，上层女子很难有个解脱，无论她们是为人子女时还是身为人妇时都一样。19世纪后半叶，安立甘教会和天主教会修建了修道院，还有了到国外传教的机会，大学的建立，医护学校、女子学院等都给上层妇女提供了选择婚姻以外的可能。众所周知，第一次世界大战前，英国的妇女人口比重就很大；那为什么还要独守空闺，盼望着很可能落空的婚姻呢？19世纪80年代和90年代目睹了出身良好的妇女开始向传统的规范与限制发起了挑战，她们不再认为家庭生活是最高的追求了。1894年乔治·吉辛称她们为“古怪的女性”，她们摇动着打字机墨带，兴高采烈地和下层出身的妇女们共同工作。她们的家庭对此感到异常的惊恐，可是他们又能如何呢？新妇女和那些安守在家做着传统活计的同辈人间的鸿沟毫无缩减。随着这些新妇女争取选举权，在政治争取认可的时候，留守的上层妇女也在强调个人的价值，她们是有着相当天赋的妇女，如凯里夫人（F.S.Carey）1916年就出版了《淑女的职守》，盛赞操持家庭的美德。

第一次世界大战结束了所有的争执，诸如护理，善良耐心这样的传统美德现在和打字的技能一样一起成为人们的期待了。战后淑女名媛依旧需要具有坚毅不拔的品质，因为，突然间她们发现战争已夺走了她们的兄弟、父亲或丈夫。除去死亡人数，伤残比率也高达三比一。爵位名号开始绝后，庄园地产被出售。1919 年的英国已非往日光景，淑女的生活也遇到了危机。

1919 年后的情况我们留给本书的“尾声”部分来叙述，现在让我们回到英国刚刚结束战乱的时期——玫瑰战争，那是英国淑女即将来到的前夜。

王后玛格丽特·博福特（Lady Margaret Beaufort 1443—1509），里士满伯爵，亨利七世的母亲，由佚名画家作。她是都铎王朝精明强干的实力人物。她捐助大学，印刷商和书商，开启博雅的淑女风范。

第一章

古典语言与现代舞蹈

1485–1600

1484年威廉·卡克斯顿翻译和出版了一部写作于一百年前的法语作品，书中的骑士教导女儿们如何获得“纯洁无暇的女性品质”。她们若具有这些品质就一定能赢得一位富有的骑士为夫。婚后恭顺有礼而不失温情尤为重要，这和一些较为实际的品德，如勤俭持家等，构成了中世纪人们对上层妇女的期待和要求。14世纪和15世纪的英国，妇女的活动范围几乎没有超出家庭婚姻的。数以万计的妇女默默无闻地和管家一起操持着家务，指挥仆人经营庄园；我们对她们知之甚少，而她们在外征战的贵族骑士却广为人知。她们很少有能读书识字的，所受的教育也仅局限于家务的操持方面。

1485年玫瑰战争结束，社会开始发生重大的变化。以后的一百年间，涌现出很多杰出的女性，她们不仅能够阅读英语和法语，而且能够阅读拉丁文和希伯来文作品，还可以自如地应用希腊语、意大利语或西班牙语交谈。她们的语言天赋表现在翻译外国文学方面，此外，她们还从博学的家庭教师那里获得了广博的学识：天文学、历史、地理和植物学等。她们的学习所得还写成书籍论文等，她们和欧陆的学者书信交流。女王公主，贵妇名媛以及地方上的大家闺秀都才华斐然，光彩夺目。16世纪英国上层妇女还在其它领域卓而不凡。她们除了传统的对疾病的知识和刺绣外，其中还有人因为精于糖果制作、弹奏维吉诺古钢琴或笛子、能歌善舞而倍受褒扬。受意大利和法国的影响，这方面的成就获得了空前的提高。比起她们15世纪的奶奶辈的人，她们更具一种内在的娴雅，她们敏于思，读写能力不让须眉。

从文盲和零星的教育到令人敬慕的女学者的转变始于王后玛格丽特·博福特。她是亨利七世的母亲也是16世纪所有博雅女性的先行者。她出生于充满纷争的15世纪，是萨默塞特公爵的独生女，继承了北方广阔的地产。她以兰开斯特公爵冈特的约翰之后为由，为她的儿子提出了王位的要求，并于1485年在博斯沃斯一役杀死理查三世而登基。然而她并不满足于作一个皇室的、或雄居一方的命妇。她把地产的收入捐赠剑桥，资助威廉·卡克斯顿的印刷行。王后玛格丽特·博福特被称为“英国文艺复兴的第一人”。她表现出令人称奇的才艺，他儿子执掌国政间，她一直都积极参议，她声名远播，又像其他淑女一般保持着谦逊贞洁和虔敬的品德，做起针线活也不在话下。

玛格丽特无论专注哪一行都让人感到她的光彩。剑桥的很多学院都受到她的资助。1505年她决定创建另外两座学院，即基督学院和圣约翰学院。圣约翰学院的修建始于她身后，不过她还是在基督学院度过了非常愉快的几个月。拉丁语是当时学院中日常使用的语言，和同时代的上层妇女一样玛格丽特对拉丁语不甚了了，她毫无私利地创建这些以男性为中心的机构就尤其令人称道了。除了经济资助外，她对学院生活的其它贡献就不用在这徒费笔墨了。

选自《有罪灵魂的金镜》，王后玛格丽特·博福特译自法文。在鲜有英语原创著作时，她鼓励从法文和拉丁文移译书籍，尽管她不通拉丁文。

虽然玛格丽特对高等教育的兴趣并没有为其他上层妇女带来直接的利益，不过她对印刷行的资助却推动了妇女的阅读兴趣，也鼓励了她们摆脱文盲现状的努力。以前，仅仅掌握英语和法语的人们是没有多少读物的，多数的书籍是用拉丁文写作的。淑女们手中可能有些法语原文的也可能是英译本的法国传奇故事，她们阅读《特利斯特拉姆》、《兰斯洛特》和《特洛伊罗斯》，15世纪70年代一位淑女的书架大概也就是四到五本书。有了威廉·卡克斯顿的印刷行后，可以轻松又经济地印刷二十本，远远低于抄写一本书的工夫。意识到在拉丁文方面的不足，玛格丽特安排了一系列拉丁文和法文的翻译和这些书的印刷费用。1506年她亲自翻译了法语作品《有罪灵魂的金镜》和另外一本法语书。这些书虽多为宗教类，但不能说玛格丽特过于虔诚的，因为整个16世纪印刷的书籍基本上都是宗教类的，而每一位淑女也都热心于阅读该类书籍。1524年到1640年间妇女创作的58篇文章里有38篇属于宗教方面，16篇属于其它宗教书籍的翻译。

然而，玛格丽特并不鄙薄俗世文学。亨利·沃森曾诙谐地指出，《尘世愚人船》的翻译是“在玛格丽特公主的诱导下”完成的；她身边还有一本乔叟的《坎特伯雷故事集》。到1509年，玛格丽特和亨利七世先后过世，此时，英国淑女们已养成了阅读消遣的方式了。现在教育有了明确的目的了，以前女性的教育是没什么实用目的的，而现在的社会环境更有益于阅读了。一家人不再坐在黑洞洞的大厅，现在可以到楼上的房间或客厅去了。由于开始使用烟囱，玻璃窗和模制蜡烛，房屋不再烟雾缭绕，采光也大为改善。

大致始于1520年前后，父母开始支付大笔费用为女儿延请家庭教师，不是为了私下满足她们某方面的资秉，而是要大事张扬她们学识修养的。博学多才的阿拉贡的凯瑟琳承继了玛格丽特夫人的传统，继续资助印刷行业，还延请西班牙学者比维斯（Juan Luis Vives）为她七岁的女儿玛丽公主制定学习计划，比维斯《学问的衰退》一书也是于1523年10月7日完成于牛津的。该学习计划颇具开拓性：凯瑟琳希望女儿学习拉丁语，比维斯放弃了英国人常用的语法和动词格变化的口头背诵，转而提倡笔记本的使用；在教授完基础语法后，学生要通过阅读典籍记录下不规则用法和句法。他还提倡外语学习的双向翻译法，把英语翻成拉丁语，再把拉丁语翻回英语。

人们争相效法比维斯的教学法，其中包括罗杰·阿斯克姆，他是玛丽妹妹伊丽莎白的教师。比维斯受益于和其他教育家的交流，其中包括托马斯·莫尔等；他批评了爱情与战争的现代史诗和一部分古典作品。他的教育对玛丽形成了潜移默化的作用，他把自然学科引进了她的学习科目中，这对于英国淑女来说是全新的科目，玛丽一生保持了对植物学和日晷的兴趣。如我们所见到的，此前对淑女的教育是不足的，中世纪人们引以为豪的是能有足够的拉丁文知识记诵祷文和相当的法语能力而已，玛丽纯熟的拉丁文、法文和西班牙文一时间成了宫廷里的一枝奇葩。她的母亲毕竟是外国人，以前还没有公主

选自《追随基督》(1503年)的第四册，“献给卓越的公主”，玛格丽特·博福特夫人，她资助了该书的翻译。整个16世纪淑女们的书架主要由宗教作品构成。

受过这样的教育；廷臣们争先恐后地竞相仿效，纷纷为自己的女儿延请拉丁文教师，一夜间，所有出身富贵的女子们学习蔚然成风。

其他的皇室国戚的女子如伊丽莎白一世和简·格雷女勋爵学了更多的语言。虽然对玛丽学习的关注很多，她更喜爱的事情却是和斯班尼猎犬玩耍或和愚蠢绝顶的夫人小姐们叨议时尚等；不过她是第一位学者型的公主是人们公认的。凯瑟琳让她学习拉丁文主要是让她对天主教有更深刻的理解；其他为人父母者只是追求时尚，以期女儿能嫁得更好而已。多赛特侯爵亨利和其夫人弗朗西丝在这方面可谓登峰造极，他们是想让简·格雷吸引她的表亲爱德华成婚的。当简·格雷女勋爵读着希腊文原著《斐德若》时，或和家教用希腊语交谈时，她的父母正在兴致不减地园猎雄鹿呢。

博雅的简·格雷夫人画像（上图）和她的表亲伊丽莎白公主（下图）。当时学问如此风行，柏拉图和亚里斯多德的原文著作也成了她们闺房的装饰了。

教育子女时，全无这些俗念的父母当属托马斯·莫尔了。他对教育的兴趣，在有了三个女儿和一个儿子后，愈发强烈了。他认为男孩和女孩的教育应该是一致的：“他们都享有人的称号，他们天然的理性和野兽区别了出来；

可以说他们都同样适合学习以培养理性。”16世纪20年代，莫尔在家中开办了学校，除了家中子女外还有其他五个女生和一个男生共同上学。莫尔属于典型的城市人，他的父亲后来成了皇家法官，册封为骑士。莫尔的第一位妻子是艾塞克斯人，孩子们的继母艾丽丝夫人是伦敦的绸布商遗孀。在他的家庭学校里要学习拉丁语、希腊语、逻辑、哲学、数学和天文学，这和一般的商人家庭是很不同的。如果不是莫尔在宫廷的地位，他们在切尔西（Chelsea）获得的渊博的知识可能会不为上层社会所知。1529到1532年间莫尔官至财政大臣，其他高官幕友关注着他对男童和女童施行的开明教

汉斯·荷尔拜因作品，伊丽莎白·丹西（左），塞西莉·荷侬（右），亨利八世财政大臣托马斯·莫尔之女。她们没有嫁给世袭贵族而是都嫁给了因为才学而供职于朝廷的官员。中产阶级开始出现。

育及其成效。1529年他的女儿们在国王面前“就哲学辩驳了一番”，以后莫尔的家庭学校的声名便广为传播。

莫尔希望女儿们精通拉丁文和希腊文是有着个人原因的，因为他是英国人文主义或新学的先锋人物。“新学”是个容易让人产生误解的名词，因为新学的核心却是掌握古希腊文。这种语言在15世纪90年代以前还不为人所知，随后的二十年也仅有为数甚少的学者通希腊语。新学的目的是学习和实践希伯来语和希腊语写作的新约和旧约的教义。新学之子——人文主义者认为整个天主教教义就是错误地建立在拉丁文《圣经》上的，该译本促生了中世纪

托马斯·莫尔爵士一家，罗兰·洛基作。位于切尔西的住宅配有图书馆、图书、画廊、花园等。他的女儿们研习拉丁语、希腊语、逻辑、哲学、数学和天文学。

的神秘主义和象征主义。1516年出版了伊拉斯谟编辑的希腊文新约，1526年廷代尔出版了译自该版本的英语版《圣经》。在从事这项工作中，希腊文和拉丁文的知识不仅是修养而且是必备的才能；由于工程浩大，成百上千的文献需要研究所以无论男女都是不可多得的帮手。莫尔的女儿们都倾力致力于此项工作，1532年伊拉斯谟还将他的一部著作题献给莫尔最疼爱的长女玛格丽特·罗珀，他还接受了她对其著作的校正。玛格丽特十五岁时出嫁，其夫威廉·罗珀是律师之子，也是莫尔的学生。婚后，夫妻俩仍常回到切尔西，莫尔缺不了她，她一身几任：又是秘书，又是学者，还是默默吸收他智慧的可人儿。

玛格丽特·罗珀（下）和玛格丽特·克莱门特（上），分别是托马斯·莫尔爵士的女儿和继女Clement。当亨利八世逮捕莫尔和其他对他的批评者时，她们两人都表现出真正的基督徒淑女品格。加尔都西会教士(Carthusian)被捆缚得不能动，玛格丽特·克莱门特就亲手喂他们，并清理他们的粪便。

莫尔被处决时“声言他是作为国王的忠臣，也是上帝第一个忠实仆人而死的”，那时威廉·罗珀被派往伦敦塔料理相关事项；而玛格丽特并未大放悲声，而是像当年父亲那样悉心地教导着孩子们的学习。她的一个女儿玛丽·巴塞特还把莫尔在狱中写作的拉丁文作品译成了英语。

当然并非所有的父母都跟风学习古典语言。彭布罗克爵士就是其中之一，虽说本人几乎是

汉斯·艾沃斯作品，米尔德里德·库克·塞西尔，伯利夫人（1536－1589），教育家安东尼·库克之女。曾为爱德华六世，玛丽一世和伊丽莎白一世的拉丁语秘书。罗杰·阿斯克姆，(1515—1568)认为，和她从政的丈夫相比，她毫不逊色。赞不绝口的伯利爵士在他的三所住宅都悬挂了夫人的画像。

一个文盲，对教育嘻笑怒骂起来还蛮在行。一般而言，有身份的人们开始寻找受过良好教育的女子为妻了。当时教育家安东尼·库克之女儿们，颇引人注目，其中伊丽莎白是驻法大使的夫人，另一个女儿米尔德里德，她流利的拉丁语大派用场，她还参与了爱德华六世的教育，另一个女儿凯瑟琳也是嫁了外交官。最后一位是安妮，她嫁给了掌玺大臣尼古拉斯·培根，她就是大名鼎鼎的弗朗西斯·培根的母亲，她是姐妹中最多才也是最虔诚的。

汉斯·荷尔拜因作品，教堂中的母子。到两岁时，婴孩才能脱去紧紧裹着的襁褓换上成人样式的衣服。有时开明的母亲会在婴孩几个月大时就松开他们的手臂，而不是将其紧紧裹在襁褓里。

亨利八世幼妹之女简·格雷九岁时在皇后凯瑟琳·帕尔(1512—1548 英国皇后，是亨利八世的第六位也是最后一位妻子)家寄宿了两年，这期间，她和表兄弟爱德华一样接受了新教教义。她的父母都是实用主

保存在一座苏塞克斯教堂里的1550年铜版画摹拓，此为纪念玛丽·菲茨威廉之物，图中表现了母亲和她的八个女儿。早逝或夭折的子女也通常和存活的子女以前出现的，因为她们一起构成了一位妇女的业绩与荣耀。

木版画，翼枝美苦草和烘干草药的女子，该图1526年译自法文。草药是家庭护理中不可或缺的材料，是一个家族的标志，是配制牙膏和墨水的素材，有时还作为刺绣的图案使用。

义的，如果新教使简和爱德华更亲近了，就随她如何虔诚去吧。

当时“寄养”成为一时的风尚，男孩女孩都一样，在七到九岁间要像简那样寄养在地位相等或更高贵的人家的，或者，就是打发到修道院去。外国人对此很不以为然，认为英国贵族在子女成长的关键期缺乏柔情。这种批评是一个需要讨论澄清的问题。在当时，婴孩被看作是污秽的东西，在两三天内就要对其施洗礼，而且嘴上还要敷上盐，额头抹上油膏以洗刷他的罪

汉斯·荷尔拜因作品，年轻的英国妇女。该作品对含苞待放的女人气质做了可爱的研究.

恶。洗礼的一个重要项目是为婴孩选择教父和教母，被尊为教父母的他们也就是婴孩长大后去寄养的地方。洗礼后，淑女名媛的婴孩通常是交给奶妈喂养的。1516 年，托马斯 · 莫尔规定《乌托邦》里的母亲是要亲自喂养子女的。伊拉斯谟在《新母亲》中也强调哺育子女是母亲的天职，尽管有很多男性在倡议，淑女们还是要把襁褓中的小孩托付给奶妈的。

到了 16 世纪末时，人们不再热心让女性受自由教育了。即便是一些教育家也认为古典文学让女子接触了过多的荒淫的故事，她们更应该读些关于贞妇贤妻的书；既然女子和法律和外交无缘，那何必学习拉丁语呢？安立甘教会也把重男轻女的思想灌输给了教民：女人应该听命于丈夫，因为她们“耽于轻浮的幻想和念头”；在这样的背景下，父母也就不再热心教育女子了。

1574年，伊丽莎白时期的英国淑女开始以听布道为时尚了，1601 年虔诚的霍比女勋爵访问伦敦期间反复光临布道场所，其中，有一位斯蒂芬 · 艾格顿的传教士是她心仪的，每次听完他的布道后她都要认真作笔记。其他的乡村贵妇到伦敦是为了了解时尚的，随后再把相关信息传布给乡下。从时尚的讲道坛得来的信息为霍比女勋爵的生活带来了轻松活泼的一刻，霍比女勋爵虔诚也乐于助人，她会亲自调制药品为农夫治疗常见的背痛等，她的日记是现存最早的妇女私人文字，从中可以看出牧师和医生为她带来的精神上的喜悦。

那么16世纪的淑女们的职守是什么呢？她们对生活有着何种期待呢？她们又是从什么样的布道手册或牌戏中获得安慰的

1591年的格蕾斯·陶尔博特。她很小时就嫁给了亨利·卡文迪什，没有生育，音乐是她一生的慰籍。她的丈夫好色而多产有“德比郡和斯特拉福德郡种牛”的美称。

呢？她的第一要务就是要嫁出去，要达到这一目的她尚需获得一整套技艺，诸如跳舞、弹奏乐器、参加合唱和绝妙的针线活等，此外她还得学会恰当而优雅地吃馅饼和打喷嚏等。这些都要在结婚前准备就绪，以上种种事关“优雅举止”的大体，都需在“寄养”期间学习完毕的。

1525至1575年间的五十年，上层女子们风行学习古典语言；即便在那时，做母亲的也没有忘记在上述方面熏陶子女，它们可是促成一桩好婚嫁的润滑剂，实在的很呢。莱尔女勋爵是加莱总督之妻，她的女儿安妮·巴塞特当时寄养在一户法国人家。有一次，安妮和女仆游戏时输掉了一双鞋，夫人听说后说“她应该在做针线活，吹笛子或是弹奏维吉诺古钢琴的呀。”安妮注定是要成为宫廷侍女的，那可是到了上好的婚配所了。莱尔女勋爵虽然向简·西摩女王敬献了鲜美的鹌鹑等也未能将相貌平平的另一个女儿送进宫廷。

1560—1640年间出版的一种音乐手册扉页。维吉诺古钢琴的演奏技能得到时人的赞许；比较而言，吹奏笛子及伴唱的情歌则被视为不太文雅。

有时父母会因为女儿没有受到应有的待遇而拒付“寄养”费，约翰·帕若特就是其中之一。他发觉两个女儿被当作佣人使唤尽干低贱的活儿，而监护人却振振有词说她们可是“按照淑女那样教养的，和惯常的作法绝无两样”。

通常，那些受到委托的贵妇们认为收些费用是合理而令人愉快的。亨廷顿伯爵，凯瑟琳没有子女，但她常常感到很自豪，因为所有托付给她的女子都得到了优良的教育，霍比女勋爵就是其中一员。“我想不至于有人有异议的，我可懂得怎样管教大家闺秀。”霍比女勋爵在她的教导下成了虔诚的清教徒，而清教徒却是痛恨女人学习音乐的；理论和实践在这儿没能携手并行，因为霍比女勋爵在侍奉上帝之余还时常浅吟低唱，或演奏奥法里昂琴自娱的。

伊丽莎白一世和莱斯特伯爵罗伯特·达德利跳伏而特舞。后期的伊丽莎白宫廷盛行华丽的一有时也是危险的舞蹈，有观舞者说：“好些人在滑步、跳跃和转体中跳折了腿。”

贵妇人或她们的贴身女侍会将舞步教给她们所

照管的女子，当时人们谴责现在舞蹈足足有一个世纪，贬其为“轻浮”，“淫荡”等。1577年约翰·诺斯布鲁克发表文章说“赌博，跳舞和其他轻浮的游戏是上帝的律令所禁止的”，萨拉班舞还有其他的舞步被描绘成煽动欲火的把戏。现存的一幅画描绘了一对舞伴，她们非常可能就是伊丽莎白和莱斯特。伊丽莎白跳得可高了，一双眩目的脚跳开地面足有一英尺。

家宅的主人出现洋，女主人腰带上挂着钥匙，控制着地窖，贮藏室，洗衣房。女主人主持家政的权力是不可僭越的，不然，他就会被冠上“女人气”。世纪之交，有一本埃莉纳·费蒂普莱斯写的菜谱保存了下来，从中可以看出整个夏秋乡村的淑女都在忙碌着：贮存过冬用的大白菜，腌制黄瓜菜等。此外，她们还要负责酿制啤酒，那是每日佐餐的必备品。酿制啤酒是在贮存室进行的，那也是她们调制药品的地方。

无论老少，英国淑女最主要的工作是刺绣，也就是用丝线、金钱、银线在缎子等布料上做的精细活儿。淑女自己用的衣服和刺绣品都是专业制衣匠做的，那她们做的活儿有什么用呢？原来她们通常是在一小片十字形，八角形的布料上刺绣的，主题以花卉、野兽或家徽为主，这些刺绣件可以有多种用途，可以镶成床纬的边，做成衣服上别致的图形，或是镶在靠垫套上等。

1535年到1540年英国开始解散宗教场所，这一举措对于寻求婚姻以外可能的英国淑女打击甚大，对英国的针线艺术也是如此，在解散修道院的过程中，许多精美的针线作品也都散轶了。女修道院的刺绣构图明显有着贵族特质，她们的生活模式

十一片一套的刺绣件中的其中两片，绣有花卉与果实图案，刺绣主题以药草，动物寓言，花谱为主。刺绣是在一小片布料上进行的，很方便，然后再镶饰在靠垫或床纬上等。

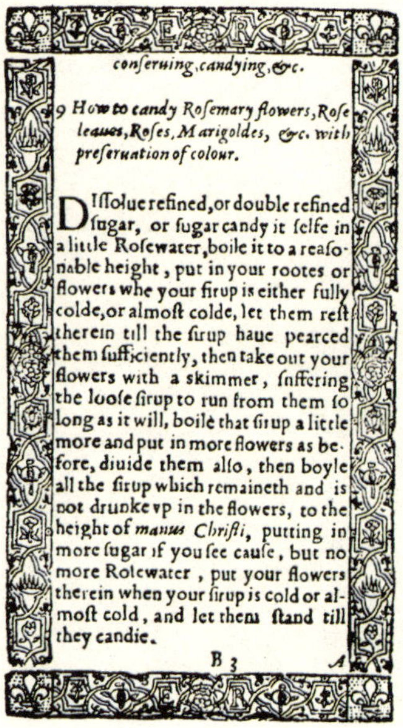

conſeruing, candying, &c.

9 *How to candy Roſemary flowers, Roſe leaues, Roſes, Marigoldes, &c. with preſeruation of colour.*

Diſſolue refined, or double refined ſugar, or ſugar candy it ſelfe in a little Roſewater, boile it to a reaſonable height, put in your rootes or flowers whē your ſirup is either fully colde, or almoſt colde, let them reſt therein till the ſirup haue pearced them ſufficiently, then take out your flowers with a skimmer, ſuffering the looſe ſirup to run from them ſo long as it will, boile that ſirup a little more and put in more flowers as before, diuide them alſo, then boyle all the ſirup which remaineth and is not drunke vp in the flowers, to the height of *manus Chriſti*, putting in more ſugar if you ſee cauſe, but no more Roſewater, put your flowers therein when your ſirup is cold or almoſt cold, and let them ſtand till they candie.

B 3 A

1602年的休·普拉特的菜谱，里面提供了做糖花的方法。当时的宴会又浮华又讲排场，宴会时若是摆出做馅心用的糖膏来，常常引人称美。

也是贵族式的。1535年，温彻斯特的圣玛丽修道院院长拥有自己的房屋、女仆、厨师和洗衣工等。巴金（Barking）修道院院长在自己富丽堂皇的客厅就餐，她每年只在斋堂和修女见五次面。她一身毛皮，举止间透着富贵气，频频拜访当时的显贵阔佬。修女们有自己的爱犬，还频频携犬进入唱诗坛，把主教气得可以。这也能折射出当时世俗贵族的风格来，贵妇们上教堂时通常亲昵地拍着膝盖上的狗，而她们丈夫的手臂上则站着猎鹰。云雀、麻雀、野兔、猴子也是修女们喜欢的图案，这也是让主教大人大为光火的事：她们应该一心侍奉上帝才是。每三年主教要巡查一次教区内的女修道院，考核她们的行为是否符合规范。

保留下来的记录表明，过于轻佻的服饰是最大的问题，也就是说，她们的服饰过于世俗化，还常常把额头暴露在外，开胸太低，一句话，同时代俗家姐妹的那些轻浮喜好修女们一样也不少。主教们徒劳无益地训斥着修女不可飞短流长，不许穿戴华贵的服装，不要动不动就到世俗之地访问。有趣的是俗界中的丈夫们也在抱怨着同样的问题。心灵机巧的修女们明白一旦主教大人来访了也训斥了她们，那就要三年后才会再回来督改，比其那些难缠的丈夫们好对付多了。

修道院还是个浪漫的好处所，修女从道理上来说理应遵照闭门修身的教规，通常每一个修道院都要指派一个专门的管家负责

《针艺精进》的扉页，该书提供了新式针法和图案，中间坐着的女子被描绘成“勤劳”，很贴切，因为她们称刺绣活是她们的“作品”（这两个词有双关义，“勤劳”和“工业”一义，而“作品”和“产品”一义。）

看门和管理修道院的地产等事宜。不时会发现修道院有小孩出生，显然这名管家是脱不了干系的。安妮·博林曾帮助过一个姻亲，埃莉纳·卡雷女爵士，做了威尔坦修道院的院长。不幸的是亨利八世写信给安妮说“她供认了和两个牧师分别生了两个孩子。”1517年，主教巡查时，院长凯瑟琳·韦尔斯命令修女回复主教讯问时一律回复：“一切无恙”。尽管如此，主教还是发觉她有了一个私生女，院长为了筹措女儿的嫁资变卖了修道院里的烛台和其他的瓶瓶罐罐。这样的事例不一而足，人们可能会想，既然东窗事发，他们一定会凄凄切切地恳请宽恕，以求继续留在修道院的。其实，面对“罪过”她们还是相当安定自若的。倘使真丢了院长一职，她会闷闷不乐、四下抱怨这种不公正的待遇。通常做了改过的保证后，她们还是接着做她们的院长，经常不用多久，她们就会开开心心地把保证抛上了天。上层出身的女子寄宿在修道院的费用是一周六便士，翻阅主教的巡查记录，我们可以看到他是如何徒劳无益地设法制止修女和男童在一起嬉戏玩需，或是私自容许他们在回廊中过夜的。修女对待男童更像是对待个可爱的玩具，他

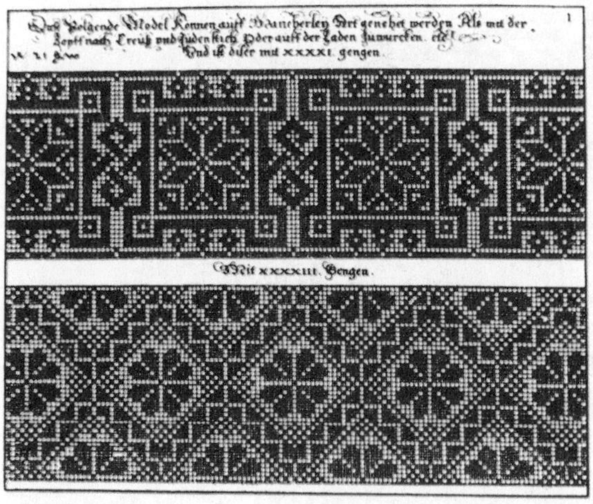

乔娜·西布马赫（Johann Sibmacher）的《刺绣图案》中的几何图案。修道院中精美图案的传播成为新式针法和图案的一个来源。

们到了九或十岁时就要离开修道院开始接受教育了。女子到修道院的年龄不一而足，传统上，这是“寄养”的补充。

唯一的问题是修道院中能获得的教育着实有点骇人。绝大部分院长甚至不能在主教巡查报告上签名。修道院几乎没有什么书籍，即使有也是些毫无价值的书。可以肯定的是当修女离开修道院的时候，她们的知识和她们进来时一样的糟糕，唯一的例外就是飞短流长和耍花招的能耐长了很多。至于宗教，她们虽然是在教堂和做圣事中度过了大部分的时间，然而能入乎耳而注于心收获实在少得可怜。绝大多数修女对她们的信仰只有云遮雾缈般的见解。

但是就针线活而言，修道院的女子就大放异彩了。僧侣们整日所做的是抄录和阐发典籍，而修女们则在用针线编织着历史。修道院和教堂里里外外都可看到她们精美的刺绣。修道院也保留了大量的刺绣，她们代代相传，相互研习。随着对修道院的排压，这些精美的刺绣有些被拆走了金线和银线而毁了，有些被逃亡的修女带到了国外，另一些则辗转成了私人用品，在日常穿用下成了破烂。中世纪的英国刺绣成了解散寺院的牺牲品。

就像她们和主教周旋的那样，修女们也必需和亨利的专员们开始周旋了。在16世纪30年代开始的关闭修道院运动中，她们努力拖延：交了罚金后，修道院可以推迟关闭，于是她们交了一笔又一笔的罚金。一些最穷困规模最小的修道院一直奋力撑到最后的时刻。最后的时刻还是降临了，原先宜人自在的生活，除了讨厌的主教以外无人能够干预的修道院生活，终于结束了。解散中，大的修道院院长可以得到每年五十镑的遣散金，小的修道院院长是每年四镑。

不仅仅是老处女对修道院依依不舍，有些修女原先是守寡的上层妇女，她们度过了生育子女，操持大家庭的生活后，选择了静坐沉思的隐士生活。寡居也好，处女也好，贫寒富贵也好，她们现在统统丧失了生活中的避难所。她们再一次要生活在或父亲，或兄长，或丈夫的掌控下了。

如果亡夫没有留下遗产，她们很难再嫁出去；这时，她就得想法为其他贵妇做使女了，另一种选择就是做家庭教师，无论是哪一种情况，她们都将沦为下等人，品尝到在修道院里从未感受过的羞辱。比较而言，女家教的境况更令人不快。现在的情形是，一个女人倘能嫁出去她就得嫁，那样她

安妮·博登汉姆(Anne Bodenham)的肖像(1545年)，多塞特的女尼。在解散寺院的行动中，她得到补偿遣散，她领口的黑丝刺绣当时很时尚，遮掩起内衣上的污渍来也煞是好用。

就能免去做老处女的羞辱了。当然结婚也是有着很多困苦磨折的，其一就是妻子或守寡的妻子是要对丈夫的债务负责的。哈德威克的贝斯就是如此：不算他们在查茨沃思的豪宅，他们城里住宅的豪华用度也远非他们的合法收入所能开销的；她的丈夫威廉·卡文迪什于1557年被判犯有挪用国库财产罪，可是不久他就死了。贝斯在偿付了丈夫挪用的五千镑后，不得不再寻觅一门好婚事。

16世纪的妇女结婚时还要面对其它的危险。事实上，对淑女而言，在伊丽莎白时期结婚就是危险的。处女女王就选择了单身。尽管如此，女王却坚持要求一群有骑士风度的男子向她求爱，至死不渝。她七十岁那年她的当月宠儿艾塞克斯伯爵罗伯特时年二十。这本是出荒诞不经的闹剧，但是有了伊丽莎白无限的权力，就一切只显得有些炫目而已。“她笑起来时，”她的教子约翰·哈林坦写道“像是一道阳光，每个人都会竭力沐浴其中的”。而另一位宫廷观察家则写道“能够远离她，心怀满足去生活的人是有福的”。

经过伊丽莎白的统治，宫廷和伦敦日益成为英国的中心，地方上的豪杰发现伦敦是反对他们特权和价值判断的来源。到世纪末时，一些像伯克利这样的豪富也因奢侈的生活而债台高筑。另一些贵族则削减了乡下的财产轻装上阵来到宫廷谋取功名了。当时昂贵的珠宝常常用来装饰服装。1517年从亨利八世的王袍上取下了450盎司的黄金，850枚珍珠。珍珠缀饰服装的风气有增无减，1617年，安妮·克利福德女勋爵呈给女王一件白色的披风，据她说不算布料，仅仅珍珠和刺绣两项就花去了她80镑。

莱蒂斯·诺利斯，16世纪晚期开胸很低的连衣裙礼服成为宫廷时尚，令人惊讶的是上层妇女的风俗像是在追风当时的妓女，都以袒露胸部为能事。

服装上最大的发明就是裙环，女子们第一次解放了自己的双手，不需一直拎着裙摆了，没过多久，她们的手又有了新用处——用来持花了。

当时的风尚有很多出人意料之处，在伊丽莎白和其他宫廷妇女的带领下，一种胸部一览无遗的连衣礼服成为时尚。宫廷又养了一群仪表堂堂的绅士，作为补充，伊丽莎白还挑选了一批贵妇，出猎的时候她们可以前呼后拥，假面舞会上没有她们也不行。她们都经过女王的挑选，长相不可太迷人，她们着白色的服装，她本人则打扮得像个孔雀。

可以想像，她的风流骑士们偶尔会从女王的身上移开，打量一下她的侍女，每当此时，女王都会放下身段，像个弃妇一样怨气冲天。玛丽·谢尔顿是一位宫廷侍女，伊丽莎白对她“恶语辱骂，拳脚相加”。1576年，玛丽请求女王同意她嫁给詹姆斯·斯加德摩尔时，女王甚至折断了她的手指；女王盛怒之后，还是宽恕了她的“罪过”。另一侍女安妮·瓦扎沃尔素有轻佻的好名声，她在房间里生了个男孩，年轻的牛津伯爵承认了他就是该男婴之父。

渐渐地女王发现她的宠儿都出了问题。唯有克里斯托弗·哈坦没有妻室。罗伯特·达德利是莱斯特伯爵，也是女王的宠儿之一。1578年他和莱蒂斯·诺利斯[27]结婚，不过在女王面前，他继续悲戚满怀，仿佛女王是他生命中唯一的期盼。一年后，女王发觉了真相，可谓怒火可怖：莱蒂斯被禁止进入宫廷，1588年，莱斯特伯爵死时，女王坚持拍卖他的财产来偿付他欠宫廷的钱款，一共是两万五千英镑，她的目的就是要毁了莱蒂斯。

16世纪90年代，女王又遭到新的背弃。这次是沃尔特·罗利爵士。1591年罗利诱奸了贝丝·斯诺克莫顿；她虽然姿色平平，又无家产，因为有了身孕，罗利还是悄无声息地和她结了婚。贝丝在宫廷一直到1592年二月，她一月份生了一个男孩，她把孩子托付给奶妈后又回到宫廷的职守。不幸的是这时已是流言四起，五月份女王查明真相，结果是这对可怜的地下夫妻双双入监。罗利五周后获释，他的妻子一直关到年底。罗利以后的十年去了多塞特，可谓智矣。

女王眼里容不下娶妻嫁夫的事。她的坎特伯雷大主教马修·帕克结识了一位博雅的女子——玛格丽特·哈尔斯通，却一直未能成婚。亨利时期的神职人员还是要独身的，到了爱德华六世时，神职人员可以成婚了。这时玛格丽特终于成了帕克夫人。到了玛丽都铎时期的1553年，教会回归天主教，牧师必须“打发走”自己的妻子。帕克当年写下《神职人员婚姻辩》相抗争，但是，一无用处。三分之二的牧师因曾婚受到了惩处，帕克亦未能幸免。他本人和妻子儿女都分散躲避了起来。伊丽莎白即位后，帕克复出并于1559年被钦定为坎特伯雷大主教。帕克尽其所能也未能说服伊丽莎白恢复爱德华六世的举措，帕克只好将玛格丽特和子女安顿在牛津。

没有妻子的帕克饱受折磨，最终还是把玛格丽特安置在他伦敦的官邸——兰贝斯宫。玛格丽特开始操持了该处的管理，她指挥下人时最爱的用辞是“保持清洁可爱”。帕克尚需千辛万苦地设法让子女合法化。

最终，女王经不住好奇来到了兰贝斯宫。帕克尽力把兰贝斯宫修整了一番，铺了下水道，修葺了花圃欢迎女王。女王接受了帕克的盛情留下进餐，其目的主要还是想看看玛格丽特。临了时，女王向大主教致谢，然后转向玛格丽特，存心要破坏她所享受的家居快乐“至于你，夫人，我是不能称呼你的，情妇呢，我又耻于用它，所以我不知怎样称呼你，不过我还是很感谢你的招待。”伊丽莎白自此开了一个风气，此后地方上的贵妇们都竞相贬损起当地的牧师夫人了。

伊丽莎白对才华横溢的女子是心存嫌隙的，玛格丽特可谓是拉丁文和希腊文的学者，比起伊丽莎白也毫不逊色，女王更喜欢忙碌于刺绣活的女子，还有，女主人的箭艺也过于精湛。女王对射箭的兴趣是从母亲那继承的，她的家庭教师阿斯克姆（Ascham）也极力赞扬箭艺之高贵。跟随女王出猎的贵妇都要尽力表现出笨拙的箭艺。简·格雷的母亲也是一位狩猎高手，第一位丈夫被处决后，她嫁给了自己的马倌，女王听说后吃惊不小：“什么！嫁给马夫了嘛？”塞西尔狡黠地回复到，“不错，而且夫人说您也恨不得嫁给自己的马夫呢。”

打猎是伊丽莎白女王生活中的一大安慰，她七十岁时欢快的犬吠声还是她每天最爱听的音乐。于她而言，打猎意味着生活和青春。1603 年女王去世，安葬在里奇满——孩提时，那就是她心爱的猎场。

彼得·莱利爵士（1618－1680）的作品，戴安娜·柯克，后来成为牛津伯爵。1661年查尔斯二世任命彼得·莱利为宫廷主要画师，莱利描绘了复辟时期宫廷中的贵妇们。他的画典型之处在于精美描摹了华贵裙服的波痕与皱褶，还有诱人的裸胸。

第二章

安心操劳？

1600—1700

1625年，斯图亚特时期的服装外形柔和，衣袖飘飘，衣料选择了柔顺的丝织品，裙环，低胸礼服，女长袍演变成紧身的巴斯克衫，花边领口，翻边袖口和穿着随意的裙子了。蝴蝶结取代了珍珠成为装饰件，发型从都铎时期盘起的发髻一变，现在是飘坠两颊间的髦发了，黑发成为这段时期早些时候的风范。

伊丽莎白女王和她的猎鹰训练手正在鹰猎鹭群。选自1576年出版的《特伯维尔猎鹰训练》。女王是精力充沛的猎手，擅长弓箭和鹰猎。

上层妇女在17世纪命运有了一项重大的改变。那就是到了1690年，她的子女可能会和她围聚在梳妆镜前了。本世纪破除了“寄养”的习惯，现在淑女母亲开始体验到做母亲的欢心与痛苦了。淑女名媛最大的期待就是有个安详宁和的家庭，她们不再想方设法提高个人的智识了。内战前，她们努力成为贤妻良母，努力成为“丈夫的皇冠”，内战和共和时期，她们努力维护自己的家庭；复辟后，她们感到一种节日的喜庆加倍地疼爱子女们。

子女教养方面也有因袭陈俗旧规的方面，接生也依旧是危险而重要的事情。17世纪上半叶，每千名儿童的平均死亡率在126‰到158‰不等到了后半叶，情况有所改善，这时的死亡率降到了118‰到147‰间，依然差强人意。分娩中死亡的母亲的数字尚不得知，人们只能读到一些惨不忍睹的分娩记录。其中有一名叫弗朗西斯·扎

阿佩尔勋爵阿瑟一家，阿佩尔夫人伊丽莎白是位博学的园艺家，这在当时实属罕见。当时绝大多数的上层妇女对园艺的知识仅限于如何种养蔬菜和一些药草而已。

克斯的妇女，17世纪60年代，她腹中的婴儿已死了几天了。一个周六，她开始生产，接生婆却什么也没有发现。医生请来后很快发现了问题所在，他想尽办法引产均不奏效。“她开始昏迷，哀求医生看在耶稣的份上让她安静地死去……我们把她安置在床上，那一夜，她没得到一刻的安宁，她的精神耗尽……腹中的死婴让她不得安宁。”——扎克斯夫人被告知死亡是不可避免了——“她盼望着死，她希望上帝能接纳她”。她死后做了解剖，她的脊柱弯曲，即便婴孩的一只胳膊也通不过。”

如果婴孩存活下来，就会把他放进襁褓中，这一风俗从上一个世纪保存了下来。17世纪末，这一传统首次受到质疑，约翰·洛克批评了这一风俗，理据是它损害了婴孩的健康发育。他说斯巴达妇女并未缠裹婴孩而她们的婴孩却健壮无比。18世纪过了很久，母亲们依然把新生儿缠裹起来，不过从大量保存下来的17世纪时期的童装来看，母亲们已开始在第一年中松绑自己的婴孩了。1671年，颇有名气的接生婆简·夏普倡导一种灵活的办法，那就是交替使用襁褓和衣服，她写道：“四个月后要松开胳膊，但是胸腹部和双腿还是要裹紧以防寒。”上层出身的婴孩还要像上个世纪一样由奶妈喂养吗？和上世纪一样，医生，儿童养育手册，教育家还有一些好事之徒都在规劝母亲亲自哺育孩子。据说在哺育婴孩时奶妈的品性会影响倒婴孩。第一本幼儿疾病书籍的作者托马斯·费尔认为婴孩不仅在品性上受到影响而且奶妈粗陋的肤色和粗鲁的举止也会传给乳儿。詹姆士一世的妻子安妮说道“难道我会让孩子吮吸仆人的奶汁，让皇族的血液和仆人的搅和在一起吗？”

林肯伯爵力劝儿媳务必亲自育儿。她很后悔没有哺育任何一个子女。她前后共有十八个孩子，她说：“我想有一两个小孩的死是由奶妈造成的。”她也透露出一些上层妇女不愿育儿的个中缘由：一是奶水会弄脏衣服，二是影响自己的社会活动如看戏等，三是哺育婴孩会影响女人的情欲。林肯夫人倡议道：“上帝明明白白地要求母亲亲自哺育子女”，她甚至援引年事已高的伊丽莎白——她以乳汁喂养施洗者约翰，居然真的有奶水。

信奉清教的上层妇女都是尽心哺育子女的，对于其他的人，这是个时尚和个人偏好的问题。不过，选择自己喂奶与否，以及随之而来的道德、社会和宗教上的意义等都是上层妇女才会面临的难题。

人们在城市度过的时间渐多，伦敦在扩展。由奶妈抚养的孩子生活在乡村，人们意识到这还是一个很理想的场所。1603和1665年肆虐伦敦的瘟疫也促使人们相信乡村自然的环境有益于健康。回到家庭怀抱的孩子们不分男女都要穿着一种“长衫”，然后是“短外套”，再然后就是“裙子”了。七岁是个分水岭，这时男孩开始穿长裤了。对于男孩来说这是一个相当重要的事件，它标志着他已脱离了以女性为中心的家庭轨道。女孩子没有正式的仪式以标志她进入公众生活，通常她也不用上学。对女子进行学术上的教育仍然鲜有人关注。有时为了节约，小淑女们可以参

索尔坦斯托一家，可能是大卫·德·格兰治所作。图中描绘了理查德·索尔坦斯托之妻伊丽莎白在分娩。分娩在17世纪成了时尚的事件，届时，预备华丽的床和床纬等是件重大的事情。

加兄弟们的家教课，即便如此，女孩也不学拉丁文。曾经有人夸耀某女子流利的拉丁文和文学才能等，詹姆士国王颇不耐烦地反问道："是吗，可是，她会纺织嘛？"他接着说道："拉丁文只能让女人更加狡诈"；可是，他的女儿却在拉丁文，法语和意大利语上受到悉心的教育，他的做法和伊丽莎白如出一辙。宫廷朝臣紧跟国王，加强诋毁非王族女性的高等教育。安妮·克利福德女勋爵终身持有强烈的阅读兴趣，她读的书只可能是译本，她的父亲曾明确禁止她学习外文，说是对女人一无用处。

查理一世娶了法王路易十三的妹妹亨利埃塔·玛丽亚，由

此，法语和法国的习俗开始在英国社会生活中发挥重要的作用。皇后来到英国时是16岁，几乎是文盲，对英语也一窍不通。无奈之下她就和法国随员闲聊度日，她的另一大喜好是跳舞。皇后轻漫的个性一时广为流布，成为风尚。廷臣们争相学舌法语，法国的舞蹈教师成为抢手货，人们开始兴致勃勃地阅读起原文的法国传奇了。

安妮·克利福德夫人。该画像存于阿波比城堡，以庆贺她于1646年继承了父亲的北方庄园，画中墙上象征性挂着的画像见证了她在南方的婚姻。她还不时拜访南方，心中不乏厌恶之情。

查理一世有时抱怨妻子只守在法语圈子里，因为那样是不可能学会英语的；不过她兴起的“法语交谈”热潮还是有益于17世纪中上层英国妇女的。随着“寄养”风俗的淡出，她们开始身着华装丽服表演起她们的音乐才能，和锤炼幽默风趣的谈吐，此外，住在家里也能享受到暖融融的亲情。多萝西·西德尼的母亲对丈夫说：女儿是她的挚爱，在她心中，女儿仅次于丈夫而远高于其他所有的人。1685年约翰·伊芙林为女儿玛丽的死哀痛不已，她“一点都不矫饰，举止谈吐，清纯自然。”年轻守寡的妇女对女儿更是百般柔情，呵护有加。罗素夫人的丈夫被处决时留给她两个九岁和七岁的女儿和一个三岁的儿子。遭遇这样的厄运，泪水都哭干了，然而她坚忍不拔；终于在1703年把儿子培养成了一个富足的公爵，两个女儿都成了公爵夫人。安妮·克利福德的母亲，坎伯兰伯爵玛格丽特，为了保证女儿继承北方的财产时，表现的异常强悍。玛格丽特对女儿的幸福和她们共同的生活都倾尽心血，母亲去世后，安妮在荒凉的威斯特摩兰路边建了一个柱形纪念碑，那儿是她们最后一次拥抱和分别的地方。

女子们出嫁前一直受到家庭的呵护，她们从家庭受到的影响有利于发展她们的母性；不过她们的教育可能会更粗疏一些，针线活和音乐是必修的。人们很快注意到，在乡下长大的女子在社会交往方面有很大的不足。汉娜·威利是一位教师的妻子，她曾写过《淑女手册或女性指导》一书，书中描述了她们的困窘，她们碰到谈吐风趣的人呆若木鸡，机智的措辞对她们来说像是阿拉伯语，虽然听到的语言是英语，她们只能零星地听懂一些熟悉的词汇。

让男人走运的是并非所有的闺秀都是蛰居在家中的。17世纪经历了寄宿学校的高速增长，它取代了先前的修道院和“寄养”的风俗。寄宿学校可以使女子们获得起码的教育，因而尤其受到城市商人的欢迎；他们和乡下的绅士们不同，他们能察觉到自身的不足。寄宿学校中的法国教师和舞美教师成了通灵人物，可以大显身手了，在这同时，传统的针线活和音乐有时能达到令人称绝的地步。

1643年伦敦近郊海克尼开办了一所以音乐教育为特色的寄

选自一本英国歌曲书籍的插图，17世纪下半叶出版了大量这种面向家庭的音乐书籍。只有有闲暇的女子才可能学习音乐伴奏等，因此音乐才能成为了出身上层的标志之一。

宿学校，珀威克夫人把它经营的有声有色。让来访音乐家关注的就是珀威克夫人之女苏珊娜，她的小提琴，笛子和拨弦古钢琴技艺精湛，她甚至偕同其他女伴为室内音乐团演奏过。诸如亨利·劳斯和约翰·詹金斯这样的音乐家都专程来校听她演奏，此举使得该校在上流社会名声大噪，该校一度有一百多上层女子在校学习，而她们都是要带上女仆的。苏珊娜和另一位舞蹈教员哈扎德一起为学员编排乡村舞蹈和法国舞；学员们还要学习步态走姿，也就是如何顾盼生姿，优雅地行屈膝礼等，再然后就是当时流行的凸花刺绣了。

绘画课也奇迹般地出现在课程里了，主要是教导学生随笔画出刺绣图案来。以前刺绣图案是用针挑出来或用碳粉做出的，很少有妇女能够学习绘画的。妇女展现才能的地方主要是在针线活方面，17世纪，她们绘制出很多精美的刺绣图案。刺绣图以宗教题材为主，凸花刺绣可以用来罩圣经，首饰盒或镜子背面。17世纪的刺绣的特征之一是绣出的鸟儿比国王还高大，太太小姐们能把树木比下去，不过和身边蹲着的猫咪一比又小巫见大巫了。绘画师仿佛不以违反透视法为意，也不关心学生的比例感。大小姐

饰有银线，珍珠，雪尼尔花线和丝线的镜框。17世纪的淑女们刺绣时丢弃了精确的几何图案，而代之以个人喜爱的事物再杂以五光十色的昆虫，鸟兽以及《圣经》里的一些场景等。

大卫王和拔示巴凸花刺绣（1656年）。凸花刺绣是17世纪的产物，主题通常取自宗教题材，刺绣完毕再垫以羊毛或木块于其下。有时再制作边框以成画或包封圣经用。

们欢快地把图样描摹到织布上，再用丝线把织布上的图案绣出来，刺绣完再把刺绣粘在要装饰的物件上，所谓凸花刺绣把羊毛或木块垫在要凸出刺绣的部位就可以了。以上就是英国淑女教育的主要项目：制做工艺品，刺绣，唱歌跳舞。而与她们同时代的罗伯特·波义耳和约翰·洛克等已经开始接受科学教育了。

淑女们要过的是时尚的生活，管理庞大的家宅，现在的问题依然是，学问和古典语言对她们有何用。商人家的子女和贵族姐妹一样都无心于建立个人事业，学问对她们几无用处。在城市中结婚的她们有时可以殴打学徒工，守寡了也能继续经营前夫的商务；她们做得很好，而且是在对历史和数学一无所知的情况下做到的。她们的父亲们最最盼望的是她们能弄个贵族嫁出去，那样的话，就更无必要学习了。有一位人称“贝内特寡妇”的人曾在婚姻领域大显身手，创造了骄人的战绩。1628年富商理查德·贝内特去世留给她一笔财富。她有四个狂热的追求者，最后她选了希尼奇·芬奇爵士为夫。婚后生的女儿安妮成了康韦女子爵。贝内

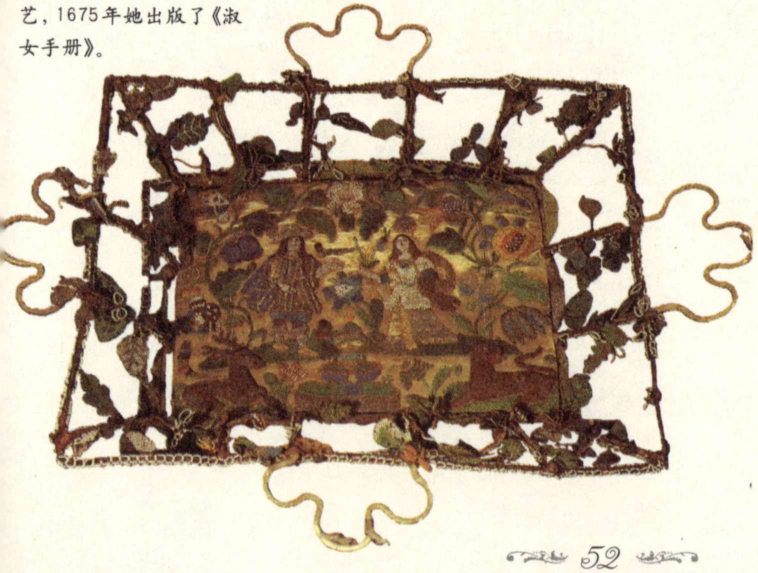
缎子做底的，透雕细工的篮子（1670年）。串珠饰件和柱状玻璃小珠饰件是汉娜·威利（Hannah Woolley）最引以为豪的成就之一，仅次于刺绣技艺，1675年她出版了《淑女手册》。

特寡妇在全无教育的情况下出色地完成了这一切，我们不禁会问，倘是她真的受了教育，她还能做到这些吗？值得一提的是她的安妮后来成了一名哲学家，甚至得到过莱布尼茨的高度赞扬。

虽然寄宿学校提供了一些社交方面的机会，倘若真正致力于改善智识还是留在家里的好。比起社交会谈来，阅读更能改善一个人的头脑。福克兰女勋爵伊丽莎白·坦菲尔德很幸运，因为她长大时寄宿学校还没有风行起来。她1585年出生，在家中自学了拉丁文和希伯来文。婚后因为不愿逢迎婆婆卡里女勋爵的虚荣心而遭到种种苛遇。卡里女勋爵把她锁在房间里，她却不以为意读书自娱。卡里女勋爵大怒，搜走了所有的书籍，尽管如此，她的惩罚还是徒劳无功，她拿起笔创造起诗歌来了。可以想象福克兰女勋爵若是到了轻浮的寄宿学校，那该是怎样的情景。

除却轻薄之风，寄宿学校还有其他的风险，那就是泛滥于17世纪的“猎娶”女继承人的恶行。海克尼就是这些“财富猎手”的出没场所。猎手们琢磨着这些女子被关在学校里，正百无聊赖，稍稍用心就可得手；就算不愿就范，偏僻的学校，绑架起来也很方便。

萨拉考克斯是个非常富有的孤儿，富有得让她吃了不少苦头。1637年她芳龄十四，在寄宿学院里结识了富伍德小姐。凯瑟琳·富伍德的哥哥罗杰觊觎萨拉的财富，让妹妹代他求婚。萨拉断然拒绝了他的美意后，罗杰组织了一队人马将其捆送到温彻斯特主教家宅。看到很体面的周围环境再加上罗杰母亲的指点帮衬，萨拉的恐惧减轻了些。第二天，萨拉在劝导下参观庄

园，结果被骗进一所教堂强行和罗杰结了婚。紧接着她被架送到婚床，解去衣服放在她新婚丈夫边。幸运的是执法官赶来了，罗杰受到“图财绑架妇女”的指控。后来他同意萨拉“无效婚姻”的上诉后，得到了赦免。

随着时间的推移，寄宿学校和傲慢而浮躁的作风招致了人们的批评。17世纪40年代莱蒂斯女勋爵是首先向寄宿学校发难的人物之一。莱蒂斯和婆婆伊丽莎白一样酷嗜阅读；书卷的儒雅和容颜的姣美是吸引丈夫卢修斯的主要法宝。卢修斯是查尔斯一世的宠臣。1630年卢修斯娶了一位既不高贵又无嫁妆的莱蒂斯引起了家人的愤慨，在质问下，她给的理由颇让家人侧目—娶莱蒂斯是因为她和其哥哥长得很像，而他非常爱慕莱蒂斯的哥哥。卢修斯明白此举伤害了父亲：他没能为家庭带来丰厚的嫁姿。鉴于此，他主动放弃了继承庄园的权力以换取迎

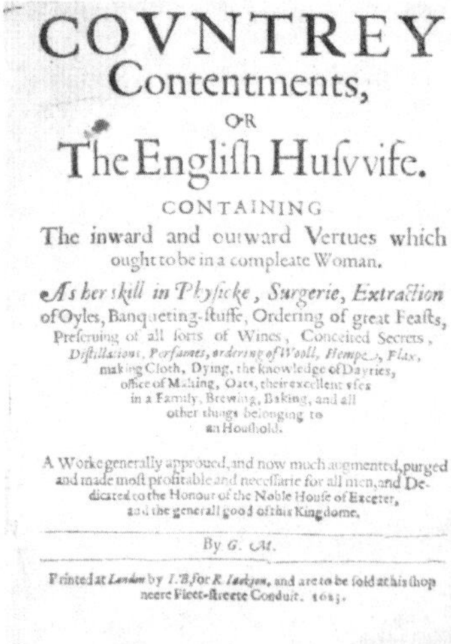

COVNTREY
Contentments,
OR
The English Husvvife.
CONTAINING
The inward and outward Vertues which ought to be in a compleate Woman.
As her skill in Physicke, Surgerie, Extraction of Oyles, Banqueting-stuffe, Ordering of great Feasts, Preseruing of all sorts of Wines, Conceited Secrets, Distillations, Perfumes, ordering of Wooll, Hempe, Flax, making Cloth, Dying, the knowledge of Dayries, office of Malting, Oats, their excellent vses in a Family, Brewing, Baking, and all other things belonging to an Houshold.
A Worke generally approued, and now much augmented, purged and made most profitable and necessarie for all men, and Dedicated to the Honour of the Noble House of Exceter, and the generall good of this Kingdome.
By G. M.
Printed at London by I. B. for R. Iackson, and are to be sold at his shop neere Fleet-streete Conduit. 1623.

杰瓦兹·马克汉姆1623年出版的畅销手册，《乡村的快乐，或，英国家庭主妇》。温塞斯勒·霍拉蚀刻画《阳春解下了冬季的皮装》中的贵妇可能向马克汉姆求教过大斋节过后的菜单菜肴等。

娶莱蒂斯的自由。十三年后卢修斯在内战中阵亡，一段姻缘顿成烟云。

莱蒂斯的守寡生涯非常短暂，六年后的1649年她也匆匆过世，时年仅有35岁。人们试图找到她的死因，最后的结论是她悲痛失度，心碎而死。她生前曾倡议在王国中修建一种教育机构，如此，上层女子可以接受教育，寡居的女子也可以有一个退避的去处。她的设想显然有以前修道院的影子，而她就是想建立一种世俗的机构以取代之。修道院的关闭已有百年之久了，修女们所能获得的浅薄教育也为人们所淡忘。她甚至想到让有学识的妇女在这样的机构里充任教师。在那个动乱的年代里，她的美丽构想很快就淹没无声了：保护女继承人不再成为猎富男人的牺牲品的努力随风而去，家道中落的上层女子可以在那充任教师的计划也成为泡影。

有一部分英国淑女在内战中和内战前都得到了相当的教育，她们主要是天主教家庭的女子。自1610年起，天主教家庭开始送家中的男子出国学习。女子则会送到荷兰或意大利的修道院去修行。要在英国进行天主教式的教育要面临很大的危险。约克郡和德比郡的城堡中秘密开设了一些这样的学校，主要是为他们出国就读神学院做些准备。在德比郡安妮在传授拉丁文，目的是让她们能听懂弥撒。在约克郡有玛丽·沃德做着类似的工作，她时常要对付政府的间谍才能维持下去。1625年亨利埃塔·玛丽亚抵英，在皇后的支持下，玛丽在17世纪30年代末建立了一些天主教学校。随着国王奔逃，她的事业也终止了，1645

年玛丽捱过了对约克郡的围攻后，死在了自己的故园。

内战中妇女们纷纷拿起武器投入了保卫家园的战斗。德比郡的伯爵夫人在保卫位于沃灵顿的拉瑟姆城堡时，坚毅果敢地和托马斯·费尔法克斯和他的国会军作战。丈夫正为王室奔忙在外，伯爵夫人夏洛特只好只身应战。不过她的两位女儿玛丽和凯瑟琳都在英勇地与她并肩御敌。伯爵夫人利用她是北部最显贵的命妇之一，拒绝放弃要塞，她想“托马斯·费尔法克斯应该侍奉她而不是相反，这才是古风”。费尔法克斯反复保证她的人身安全，都被伯爵夫人反复地拒绝了。虽然和出身高贵的女性作战很不体面，费尔法克斯的火炮还是开始轰击城堡了。有位受围的人在日记中写道：“两位大小姐的胃口好得能吞下火炮”。值得一提的是在战斗中，伯爵夫人的手下竟成功偷袭了国会军并缴获了他们的火炮。围困到了年底终于被击溃，国会军的指挥官里格比上校一想到败在一个妇人和几个帮手手中时就羞愧难当。

伯爵夫人是个待人傲慢的贵妇，在其他的场合人们也会感到她的咄咄逼人的堂皇气派。另一些上层妇女原本是默默无闻地过着家居生活，只是到了家园面临毁灭时才挺身而出，完成了保卫家园的任务后她们又心存感激之情回到了原先平静的生活中。这里要提的是位班克斯爵士夫人。她与德比的贵妇不同，内战前她不为人知，住在丈夫在多赛特买下的考夫城堡。1643 年当地的议会委员会要求她交出城堡收藏的四门火炮时，她是只身一人外加五个家丁。她若持意不交火炮，结果就是围城。权衡之后，她交出了火炮，然后趁人们敌意削减时，她不失时机地为城堡备置了额外的人员和物资。现在她有五十名手下，还有一群忠心耿耿的女仆。六月国会军开始攻城，她带领女儿和女仆保卫城堡上层，看到国会军攀墙时，她们往他们身上泼燃烧的木炭。后来风闻国王的军队正在开进，攻城的人丢盔弃甲而去。

玛丽，班克斯女爵士，她是内战中涌现出来的许多城堡女主人之一，她英勇机智，渡过了艰难困苦的时期终于又回到了她所热爱的家居生活中了。

班克斯夫人继续留下考夫城堡，没有受到进一步的攻击。到了1645年的十二月，费尔法克斯率军攻城，此前班克斯夫人的丈夫去世，不过她还是振作起精神打了一场漂亮的保卫战。战斗持续了几个月，因为家丁叛变，城堡终于失陷。她得到保证可以安全地离开城堡，离去时，人们心中充满了敬佩，和她苦战几个月的敌手也不例外。

共和时期的生活仍然能找到轻松愉悦的一面。17世纪50年代末涌现了第一批文学妇女，凯瑟琳·菲利普夫人首当其冲。她可谓是哈克尼寄宿学校的产物——她生性快乐，可以轻松地阅读法文和意大利文作品，翻译过两部高乃依的剧作《庞贝》和《贺拉斯》，此外还出版了一本薄薄的诗集，和一本更薄的信札。她

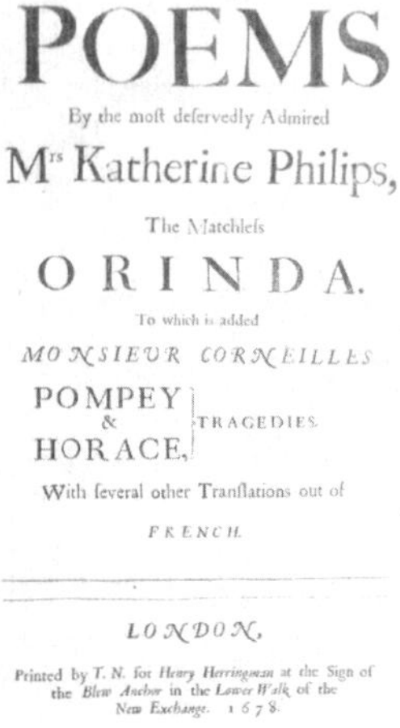

POEMS

By the most defervedly Admired

Mrs Katherine Philips,

The Matchlefs

ORINDA.

To which is added

MONSIEUR CORNEILLES

POMPEY & HORACE, TRAGEDIES.

With feveral other Tranflations out of

FRENCH.

LONDON,

Printed by T. N. for Henry Herringman at the Sign of the Blew Anchor in the Lower Walk of the New Exchange. 1678.

深受人们爱慕的凯瑟琳·菲力普夫人的《诗集》(1678年)扉页。她心无旁骛的创作诗歌。她的朋友们都以其它的名字出现在诗集中，她一面大声朗诵诗歌给朋友听，一面小口咬着糕点犒赏自己。

的作品已经不大合现代人的品位了，但在当时能够成为一名作家就大大地让她开心了一下。作商人的丈夫也让她很知足，尽管结婚时她只有十六岁而他已经五十有四了。她聚集了一群有文学爱好的朋友，聚会时她们一边品尝着糕点一边欣赏着她的朗诵。共和期间，妇女们的常规消遣都受到了压制，不过作诗自娱和品尝糖果还是可以接受的。当时，剧院已经关闭，赌博被禁止，赛马，打猎等也日薄西山，少有人问津。周日的游乐受到严格的禁止，政府开始提倡园艺和垂钓作为休闲方式。

共和时期常被描述为“家宴的休眠期”，因为这是一个波澜不兴的沉闷时期。安妮·芬奇是上述“寡妇贝内特”之女。她生于1631年，1651年嫁给康韦子爵爱德华。

安妮常常招待自己的哲学家朋友，其中最知名的就是亨利·莫尔。不幸的是她患有严重的头痛，发作时，她只能依赖于鸦片等来镇痛，其它的时候她就进行她的哲学研究和管理自己的城堡了。

平静的生活受到另外一批上层女子的欢迎。玛丽·比尔出身牧师家庭，后来嫁给了查尔斯·比尔。婚后不久她开始学习绘画。她父亲是个业余画家，他鼓励女儿不要满足于勾描刺绣图案而要努力成为画家。50年代中期比尔一家搬到伦敦的科文特加登，这是伦敦第一个时尚的郊区，那儿有很多画室，贵族家宅，还有酒馆，妓院，剧院（1642年关闭）等。比尔夫人身处滚滚红尘却心无旁

博福特公爵夫人玛丽和卡那封伯爵夫人伊丽莎白莱利作品，她们从母亲那继承了对园艺的爱好：玛丽在巴德明顿花园设计中起了重要作用，伊丽莎白的花卉画笔法精致。

骛的开始作画了。比尔很欣赏妻子的画作，耳濡目染下他以后做起了画商。

1660年查尔斯二世做了国王，开始了英国的复辟时代。社会生活从休眠状态复苏。全国上下弥漫的节日的气氛也曾遭到一些批评。安妮·克利福德夫人拜访了宫廷，她感觉受到了愚弄要亲眼看看时局；看到皇后和约克女公爵等贵妇正在白厅兴致勃勃打牌时，即便是佩皮斯也颇感惊异。

对清教的反叛和宫廷生活的复苏也反映到了17世纪的画像中。玛丽·比尔此时已成为国王和其它显贵的宠儿。1670年她成了职业画家，一幅画像收取十镑费用。她的成功无疑地改变了她的生活，她开始设馆收徒，忙得不亦乐乎，连子女都来一起忙乎了。

玛丽·比尔的老师彼得·莱利爵士的宫廷画像表现出奢华淫乐的风格。人物表情和服饰都是共和时期不可想象的。贵妇随意裹着丝绒或锦缎制成的衣裙，仿佛随时要脱下以恣意纵情一番似的，一两缕卷发搭在雪白的胸前。黛安娜·柯克眼色迷朦，慵懒富贵，她是牛津女伯爵，

玛丽·比尔和子女一起的自画像（1665年），她成了一位职业画家。她是一位人人称赞的贤妻良母，此外，她的画像还记录下复辟时期宫廷里的很多重要人物。

当时最有名气的交际花。剧院重新营业后，查尔斯国王从法国引进了新的风尚，那就是由女演员扮演女角色了，尽管他有开创新风之功，他的名声还是一片狼藉。

莱利的另一幅画像要含蓄内敛一些，这是一幅姐妹画像，博福特公爵夫人玛丽和卡那封伯爵夫人伊丽莎白。姐妹俩受母亲的影响都成了热心的植物学家，这在当时极为罕见。莱利特意让公爵夫人手持一个花环而伯爵夫人手里则拿着一幅自己画的水粉画。伯爵夫人脸型瘦长，莱利没有多少发挥的余地而公爵夫人眼中的迟迟秋波和嘟起的嘴形都能看出莱利的画风。

尽管共和时期有着多方限制，大多数英国淑女还是能够保留很多喜爱的活动的。1614年有位叫埃德蒙的旅行家在英国逗留，据他观察英国的大小姐们有相当的余暇去散步或骑马。她们会不时的出门访友，有孩子出生时她们会一团喜庆，一

17世纪喜欢牌戏和描绘求爱场景。共和时期赌博受到打击。复辟时期的宫廷可以在周日玩牌，玛丽女王督促上层女子们应该多去做些针织活，后来玛丽女王的妹妹安妮重又复活了赌博的风尚。

安妮女王的密友萨拉·丘吉尔正和菲兹哈丁女勋爵打牌，内勒作品。扑克、赛马、抽彩等赌博方式在安妮女王时期风行。一年一度的阿斯科特赛马会为其首创。

句话，在丈夫的掌控下，她们还是能争取到相当地自由的。

1688年威廉和玛丽开始共主王宫，他们看到浮华喧嚣充斥王国的情景一度想做些控制。虽然玛丽女王年轻时也很热衷于打牌，可是看到王宫四下皆是浮浅的消遣时，她以身作则一边做起编织的活儿，一边听人朗诵严肃而有教益的书籍了。威廉也为赛马风气的收敛做了些努力。

等到玛丽女王的妹妹安妮登基时，赛马的风气又恢复了，直追查尔斯二世时期的盛况。安妮直幼在里奇蒙时就酷爱骑马，到四十多岁时，她还不顾痛风坚持骑马行猎。1711年著名讽刺作家乔纳森·斯威夫特没忘给她写上几笔“女王今天出门打猎来了……她自家赶着马拉猎车，跑起来牛得很，比得上专业车夫，她打起猎来可有能耐了。”据记载，她追猎中能跑出五十英里。1711年她在阿斯科特举办了第一届赛马会，她出场时，人们看到她装扮朴素，朴素地都过份了。原来她的侍女萨拉坚持认为隆装盛服有损女王的尊严；这位侍衣女是马尔伯勒公爵夫人，她负责置办女王的服装，从中拿了九万英镑的回扣。看到大庭广众下女王粗陋的装扮，她颇为满意：“以她的年龄，换上别的服装那才叫荒诞呢。”

萨拉还曾对女王说过这样的大实话：“陛下的不幸就是陛下自从十二岁以来根本没有得过正确的指导。”不幸的是这句话也适用于17世纪广大的英国淑女，鉴于此，如果她们最大的乐趣还是骑马游乐而不是其它更有意义的事情也就不足为怪了。

庚斯博罗1772年作，伊丽莎白·林勒和玛丽亚·林勒姐妹，她们是17世纪知名的演唱家，频频出现在父亲主持的在巴思的古雅音乐会上。贵族、士绅和音乐家们在音乐会实行了阶级融合。

第三章

美丽的品茶人

1700–1815

曾有论者指出英国人尤其是英国女人的性格特征就是傲慢与矜持。傲慢主要表现在对社会地位低下的人们的鄙视和对地位显赫人们的殷殷之情。英国社会的“民主”表现在贵族，绅士和商人可以联合在一起共同发挥管理社会的作用。具体而言，绅士淑女对待下人时常是卑劣的，她们挑选受到良好教育的妇女作家庭教师，她们品味优雅值得效仿，在此同时，她们又对女教师态度冰冷，拒之于千里之外，仿佛她们是些下等人。结果那些大小姐们既不尊重她们也无意于以她们为楷模，最终她们也成长为过度矜持的人物了。

英国人的矜持和保守还表现在教堂里包厢上。以前的贵族老爷就开始在教堂设立包厢，到了后来一般的士绅和从事高级职业的人们，甚至农民都开始设立包厢，到后来，教堂看上去就象个牲畜栏。

人们还是一如既往的尊崇地位；不同的是1688年王权开始受到限制，社会的关注点也从宫廷转移到下议院。这些变化促进了贵族和士绅大交流，他们成为同事，共同把握既定的秩序

与传统，对他们而言，社会地位的等级划分还是令人“惬意”的。

和贵族士绅的不同，经营海外贸易的富商们没有世代相袭的地产。为此，他们是被排除在“高雅社会”之外的。改变身份的变通方法还是存在的：一是他们可以购置土地，成为土地所有者；二是通过子女和贵族联姻而实现。贝克福德一家就是这样做的，高级市政官（仅次于市长）威廉·贝克福德继承了一大笔财富，这笔财富是在牙买加做甘蔗和奴隶贸易集聚的，1736年他在维尔特郡购置了一所庞大的庄园和地产。

托马斯·罗宾（1716—1770）的作品，查尔顿花园全景图。一幅18世纪很时尚的家宅画，花园修葺一新，广场上可以看到散布的家庭成员。

通常而言贵族小姐是不愿意下嫁给商人的，不过威廉·贝克福德庞大的资产还是打动了一位伯爵的孙女。威廉·贝克福德的儿子小威廉九岁时继承了一百五十万镑的家产，终于把伯爵的女儿娶进了门，而他们的女儿以后嫁给了第十代汉密尔顿公爵。

随着减震良好，方便快捷的马车问世，旅行变得舒适宜人了，随之而来的就是交游的圈子扩大了。夫人小姐们可以每天相隔几个村庄的往还拜访亲戚朋友，年轻人也频频远足访问“如意泉”或其它的风景名胜。西莉亚·菲恩斯是一位认真考察乡村庄园和家宅的先行者之一。只要给管家一笔小费，大部分的家宅都会向人们开放的。西莉亚·菲恩斯旅行时代条件还是很艰苦，她只能骑马前行，再带上一两个仆人随行。总之，人们终于在本世纪中开始以旅游为一种消遣方式了。

饮茶风俗大大加固了妇女在家中宴饮娱乐方面的重要角色。佩皮斯第一次饮茶是在1660年，然后把茶引进英国。起初人们是在咖啡馆饮茶，渐渐地饮茶越来越受到人们的喜爱，咖啡馆也就都改装成茶馆了。日尚的上层女子也开始在晚餐后摆出中国产的陶制茶具开始在家里备茶待客了。通常，用完餐后女主人会和其它女客一起退到另一间房间，然后她再亲自煮茶。在座的绅士们会借机斟满酒杯滔滔不绝地大谈政治丑闻互娱，等到茶备好后他们才会起身离席。男女在正餐后分开渐渐成为上层阶级的习惯，外国曾讥之为野蛮的风俗，不过适当地分别反而让人们亲近了许多，有些男客会走到女子们的休息室，那里没有吸烟喝酒产生的污浊气，到处是女子们表示欢迎的盈盈笑容。

1711 年，英国开始有了茶叶销售市场，1740 年茶叶进口税下调，至此茶叶成了英国非常受欢迎的饮品。18 世纪40年代英国开始出售陶瓷茶壶，韦奇伍德陶瓷是一种带有白色浮雕的蓝底精致陶瓷，他很快就赢得了人们的喜爱，银制的茶壶也颇受人们的青睐。除了茶壶，还要有茶碗，后来又研制了有把手的茶杯。茶具的质量与品位代表了女主人的地位和身份，因此她们都会郑重其事地把茶桌上的茶具摆弄得又雅致又气派。

早些时候大会客室是接纳绅士和淑女的重要场所。

托马斯·罗兰森《靠近目的地了》。读过吉尔平关于风景的随笔后，品味高雅的人们开始频频远足寻找美妙的景致，一面称颂不已，一面写着速记或画着素描。

用茶中的英国家庭。这类表现人物闲谈的人物风俗画中还会随笔画出家什，宠物以及格外受珍视的物件。这幅画中描绘了昂贵的茶具和一架拨弦古钢琴。

随着女子餐后到专门休息室（withdrawing room）小憩的风行，女子休息室成了女性的领地，反倒成了家宅的中心了。在那儿她们会展示自己拿手的本领，她们的刺绣，音乐，插花还有她们的素描和水彩画。男人们没有自己的专属区，偶尔有些学者脾性的人会把书房占为己有；一般来说，男人和女人会到书房闲谈。午餐过后他们会聚在一起翻阅古典废墟的雕版书籍，或大教堂的图册等，这都取决于个人偏好是古迹还是歌特风格，还有人会高声朗读报纸杂志上的文章以消遣。

约瑟夫·艾迪生是《旁观者》杂志的创刊人，他开宗明义地声言他的杂志是面向绅士淑女的。他的文章意在帮助她们提高智识与修养，是为了让淑女不要再仅仅关心头发是否很雅致了。《绅士杂志》等刊物设有专门的女子栏目。托利派的家庭有《考察者》杂志，辉格派的家庭有《辉格考察者》杂志，社会的重要阶层都有了专门的报刊读物了。亚历山大·蒲柏对大众博杂的口味甚为不满，“胃口大得很，就是没品味”。这种批评放在淑女的身上也不为过，她们大量地阅读诗歌散文，感伤的小说和浪漫传奇和歌特式小说等等不一而足。当时名声大噪的有威廉·柯柏、托马斯·格雷、亨利·菲而丁的《汤姆·琼斯》、塞缪尔·查理逊的《帕米拉》和《克拉丽莎》等，稍后，简·奥斯汀的作品带来了一丝理性的气息。

1809年起淑女们在鲁道夫·阿克曼的《艺术集锦》中有“家庭与花园”的栏目可以阅读。若是不想仅仅欣赏插页的话，淑女们就必须到伦敦去购买，那可是购物的麦

鲁克夫·阿克曼1820年和1811年两期中的整页插图。《艺术、文学、商业、制造、时尚和政治织锦》是本质量上乘的月刊，从1809年一直开办到1828年。该杂志囊括了枝形大烛台，窗帘杆到家具装束等话题，为人们提供时尚方面不可或缺的指导。

1761年女帽商库存了头饰中不可或缺的家当——可以别在缚纱制作的帽子上的彩带，羽饰以及用于装饰帽边的珍珠。淑女可以在多萝西·梅耶的印刷店买到扇子，匪夷所思。

加，乡下的制衣匠是望尘莫及的。科文特加登有女子披风制衣店，那儿的店员穿着考究，对最新的时尚了如指掌，服务起来殷勤倍至。索霍区有韦奇伍德瓷器的堂皇展厅，人们可以在那儿买到最新潮的茶具，科文特加登还是各类书店的聚集地。

戴默夫人性情淑均，同时也极具独立的精神。1776年一天的零晨三点，她的丈夫在科文特加登的一家酒馆举枪自尽，一夜的狂赌让他损失惨重。有一次她和哲学家大卫·休谟交谈后

选自鲁道夫·阿克曼1820年四月和1819年12月发行的《集锦》上刊载的“夜礼服”和“散步服”。简·奥斯汀《傲慢与偏见》中的贝内特小姐们或《理智与情感》中的达什伍德倘是换了这身装束一定很优雅大度的。

开始学习蜡像制作。据说那次谈话中，休谟盛赞一个意大利人在街摊摆卖的石膏小塑像，戴默夫人对他的品味很不以为然，休谟反驳说任何妇女都不可能做得那样好，一半也不能。休谟那时正要做蜡质塑像，戴默夫人随即开始了解剖学和石雕的学习，并很快过渡到石雕和铜雕的创作上来了。她最精到之处是人物雕像，而当时的女子仅仅会画几笔水彩画而已。

理查德·考斯威作品(1785)，安妮·戴墨夫人。戴墨夫人的丈夫自杀后，她成就了非凡的雕塑事业，创作过纳尔逊和波拿巴的塑像。霍勒斯·沃波尔将草莓山的哥特式住宅赠予她，只可惜蜘蛛多了些。

约翰逊博士认为女子不宜做人物画像或塑像，因为那样的话，女子不得不要仔细端详男人的脸部，有失文雅。戴默夫人不以此为意，很快就为乔治三世作了一件石雕作品。此外她很会捕捉当时的名流显贵，1800年，纳尔逊刚刚征战还国，她就踵门求见并为他创作了一尊半身塑像。该像在1804年的参展皇家艺术学院展览会旋即受到好评。有意味的是她还接纳了拿破仑的几笔佣金，据说，她甚至于滑铁卢之战前写信给拿破仑表示声援。

我们无从得知戴默夫人做雕刻的收入，因为1828年她要求死后要焚毁所有的信件，生前使用的工具和围裙要随她一起入殓。霍勒斯·沃波尔以他的哥特式山庄相赠，她在这座山庄里度过了1797年到1811年间的岁月。沃波尔每年还向她提供两千镑的维修费，以此看来，戴默夫人终究不是很富裕。入住山庄前，她做的第一件事选自鲁道夫·阿克曼1815年七月的《集锦》，该画展示了适合艺术家或业余爱好者公寓的家具。绅士淑女可以很舒适地上绘画教师的课了，整齐的砖形水彩画颜料取代了以前的粉状颜料也增加了画家的舒适度。

就是清理山庄中泛滥成灾的蜘蛛；蜘蛛是沃波尔故意留下的，在他看来，这是一种哥特式的生灵，和这座山庄脾气相投，相得益彰。戴默夫人在草莓山庄上举办的业余剧场非常有名，她的演技时好时坏，颇似她的化妆水平，胭脂口红也常深浅不匀。

戴默夫人的雕塑的艺术价值不大，不过，她是当时唯一的女雕塑家，一名职业艺术家，有相当的职业收入而且还在皇家艺术学院展出过。皇家艺术学院对妇女艺术家的态度也是含糊隐晦得很。她们通常会受到鼓励作风景画，人像学习中她们是不可能有裸体模特的，她们只能研习古典时期和文艺复兴时期的雕塑和绘画辗转获得一些人体知识。当时有位叫玛丽·摩泽的女画家曾画过一些人物画，不过她的视力很弱，估计也看不清前面的模特吧。玛丽深得夏洛特王后和颇具艺术才能的伊丽莎白公主的喜爱，她们经常光顾她的画室，还曾支付她九百镑让她画像。婚后，她成了玛丽·劳德，和其它职业妇女一样，婚后随即放弃了对事业的追求，绘画仅仅成了余暇时的消遣而已。

水彩画作为业余的消遣方式非常完美。油画在18世纪仍然是又脏又乱的活儿，泥塑和石雕也一样的又脏又累，而且是颇难上手的活儿，这些决定了它们都不适合女性。对雕塑感兴趣的女子偶尔会动手做些小蜡像，此外制做日本瓷器、贝壳工艺品、侧面影像或剪影也是18世纪上半叶很流行的艺术实践，指导妇女从事这些艺术活动的书籍也很受欢迎。因为妇女不被鼓励作人物画所以也没有这方面的指导书，但是在风景画方面就不同了。英国的乡村风景破天荒地开始受到人们的关注；地形地貌的特征首次超过了人们对五官脸型的兴趣而跃居重要的艺术题材之一。当然人们还在继续绘制贵族和士绅的画像，不过此时他们是出现在人物风俗画中了。画的背景常常是人们的住宅，画中人物穿着他们最好的衣服，或是在游玩或是在小憩，周围会有一片草地，草地上有树木疏疏落落地点缀其间。

劳伦斯·斯特恩《玛丽亚》的水彩画，卡桑德拉·奥斯汀作品（1808年）。卡桑德拉是多产的妇女画家之一，十几岁时她就为妹妹简的充满嘲讽的《英国历史》做插图。她的后期画作记录了家人和朋友富有特征而优雅的工作。

人们对自然风景近乎狂热的兴趣和

威廉·柯柏的诗歌一唱一和，共同创作风景画的热情。贵族庄园和城堡的雕版画册很受士绅阶层的欢迎。如我们所述，士绅阶层已经广泛游历英国全境，此类书籍为他们提供了方便切实的导游服务。本世纪中期詹姆斯·汤姆逊和另一些诗人对地理环境富于诗情画意的描摹在英国上下营造了一种诗意氛围。霍勒斯·沃波尔1764年发表了《奥特朗托堡》，这是公认的第一部英国的哥特式小说，这是以绵密的笔墨烘托氛围的开山之作。

水彩作为绘画媒介和风景作为绘画题材，这两者的结合为业余爱好者提供了绝妙的机会以涉足艺术；看到乱糟糟又累赘不堪的油画装备，淑女们满可以却步不前的。利弗斯于18世纪中期开始生产块状的颜料，现在只需添加一点胶脂和水就万事具备了。水彩盒状如茶叶盒，小小的抽屉里放上颜料瓶，这些是淑女出门旅行时必备的一部分装备。黛安娜·斯珀林小姐是位很投入的业余艺术家，1818年她访问了奈特利寺院，这是一座靠近南安普敦的中世纪建筑。此番游历，她很是感慨了一番，很有代表性：“这是我的心愿意驻留停泊的地方，带上画笔和图纸，身边有查理（她的兄弟）弄笛相伴，还有一本关于时间侵蚀的沉思录……这片美丽的废墟在我心中激起了多少浪漫的感怀。”黛安娜每月有二十节音乐和绘画课，每节课收费三个几尼，进项不菲。

18世纪的专业画家中乔舒亚·雷诺兹爵士的肖像画非常出色。他的妹妹弗朗西丝也很热衷于艺术，很期望向哥哥学习；尽管她的想法受到哥哥的鄙薄，她还是偷偷的临摹哥哥的画作，最终成为一名专长小画像的画家。哥哥拒绝给她任何的艺术指导，让人们对她的学艺唏嘘不已。现在我们再看看著名的天文学家威廉·赫歇尔的妹妹又如何呢？1772年卡罗林二十刚出头，她从汉诺威来到哥哥居住的巴思；哥哥去世以前的五十年间，她没有离开过巴思一步。后来哥哥有幸娶了一位女继承人为妻，从此他可以专心一意地研究他的天空了；1781年他以自制的望远镜发现了天王星引起了广泛的关注。卡罗林曾发现过八颗彗星，只是她不事张扬而已。哥哥去世后，她为哥哥痴迷一生的双星和星云制成了一个星云表。

在专业领域圈子里的妇女只能得到亲属非常有限的帮助，有时她们还要为父亲和兄弟奔忙操劳。尽管如此，

剪影（1782），画中的两位女士正在读书。做活用的篮子已放好。另一个流行的提高修养的方法就是做剪影或画侧面画像。

乔舒亚·雷诺兹的画作,《作为圣塞西利亚的谢立丹夫人伊丽莎白》。伊丽莎白·林勒嫁给理查德·布林斯利·谢立丹之后,受到丈夫的禁止不再为挣钱而公开演唱了。著名的戏剧作家谢立丹时为剧院的演员兼经理,伊丽莎白转而为其管理剧院帐目。

如果家中没有科学家,淑女们就根本没有机会接触科学的堂奥了。那么其它的文艺门类呢,比如说音乐?淑女们非常执着于音乐,常常毫无顾惜地花费很多时间提高个人的演唱或演奏技艺的。若是有幸有一位很专业的父亲,她将会受益非浅的。

18世纪最知名的音乐之家就是巴思的林勒一家了。威廉·林勒是一家之主,他是巴思音乐会的主持人,他是该音乐会的策划人,名曰“古雅的音乐会”(Attic Entertainments),每月举

伊格尔顿伯爵夫人在弹奏竖琴。背景使人回想起古罗马昔日的壮观场面。诺贝尔赞助人偏爱肖像所穿这套由雷诺尔兹和罗穆尼所设计的“服装”。

办一次。威廉·林勒如此命名他的音乐会是意在复兴古雅典时代的音乐盛况。期间，林勒会造访好友，著名作曲家威廉·博伊斯，嘱其为音乐会专门谱曲，他还会邀请夏洛特王后的宫廷乐师，J.S.巴赫之幼子，约翰·克利斯琴·巴赫到会捧场。

到了60年代晚些时候，他的辛勤教育开花结果了，子女们都成长为优秀的音乐家。玛丽和玛丽亚·林勒是出色的歌唱家；伊丽莎白更是美貌出众、技压群芳；托马斯和莫扎特交情甚深、著名的小提琴演奏家、时为乐团领队。林勒一家的声名与日俱增，1772年乔治三世召请他们一家在白金汉宫做了专场演出。林勒为女儿们的成就感到无比的骄傲，国王告诉这位自豪的父亲他尚未欣赏到如此美妙的歌喉，“她们受到了前所未有的教导。”

伊丽莎白第二年结婚，如日中天的巴思乐团就这样损失了一位灵魂人物。伊丽莎白是和演员兼经理的理查德·布林斯利·谢立丹私奔去了法国，其人是一演讲术教师之子，他后来以剧作家和政治家扬名于世。婚后谢立丹不许妻子再为公众演唱，视其为有失体面的事情。以后林勒和女婿共同经营了一家剧院，伊丽莎白分管女演员服装，她还帮母亲照管帐务。她歌唱生涯的唯一见证就是雷诺兹所作的一幅画像《作为圣塞西利亚的谢立丹夫人伊丽莎白》；该画中伊丽莎白成侧姿，唱诗班的两个孩童拥立膝旁，象征她的孩子。

有些淑女的演奏水平相当好，甚至高于请来客厅演奏的专业表演者。女士们拥有的消闲和学习时间对她们来说价值无量。如果时间多，像凯瑟琳，即汉密尔顿夫人等完全可以成为职业钢琴家。她当时为追求艺术的完美，练习得极其刻苦努力。凯瑟琳在偏远的威尔士农村长大，似乎神奇般地获得了音乐教育的机会，因为她出生在一个尽管富有但却很普遍的农庄主家庭。同爵士威廉·汉密尔顿结婚后，她从故乡威尔士搬迁到了伦敦。在伦敦，她同丈夫一道同其他五位朋友请了音乐老师菲利斯·吉尔迪尼每周给他们讲课。第二次，凯瑟琳陪已任外交官的丈夫出使文化名城那不勒斯。该城的音乐学校和歌剧院十分闻名。凯瑟琳继续练习演奏，不仅弹奏竖琴，还弹奏钢琴。她的丈夫为她搜集了大量的乐谱。凯瑟琳逐一练习。她还邀请诸如密利科（Millico），辟席尼等卡罗歌剧院的歌手、音乐家、作曲家到她家中作客。她1774年当着年轻的莫扎特的面演奏，虽有些紧张，但演奏很出色。她不仅演奏，还自己作曲。在范尼·波尼（Fanny Burney）父亲为撰写音乐史到那不勒斯时，凯瑟琳帮助搜集了不少资料。她在1784年还同年轻的威廉·贝克福德（William Backford）同台演奏二重奏。

汉密尔顿夫人应该是18世纪英国淑女中最为出色的钢琴演奏家。在伦敦有不少优秀的音乐老师。在他们的精心指导下，学生们大都学有所成，许多人几乎达到了专业音乐家的水平。

如果在一个晚会上，能邀请一两位意大利歌剧歌唱家到场，既能提高晚会的档次，因为演唱始终被看作是

素描：晚茶之后。18世纪，晚餐后男女便分开待在不同地方。女士煮茶、打扫卫生，等待男士前来用茶。气氛轻松愉快。

晚会的亮点，又可为晚会助兴。晚会请的歌唱家大都是男性，因为歌剧院的女演员们，有自己社交活动圈子，贵族阶层的男士和士绅们则是她们的座上宾。女演员们也不会被邀请前来指导年轻的女士学习基础音乐。男士音乐大师是受人信赖的，只是偶尔有些不雅的事情发生，比如有个别乐师利用教学生的机会炫耀并推销自己，致使学生家里人颇感不快。

任何一位出身高贵的女士，都要时刻准备好坐在钢琴前为前来的客人演奏曲目。客人们造访，一般都喜欢走到客厅钢琴前，看看主人家年轻女士的音乐天赋和水平，主人在这种场合，也很希望自家的女孩子一展音乐才华，以提高主人和女孩的身份。这种做法在18世纪的英国特别盛行。小说家简·奥斯汀在其小说中对此有精彩的描述。

音乐受不少文雅之士的欢迎，但除此之外，在18世纪的英国还有一项吸引更多人注意力的活动：赌博。士绅们有其赌博的专用场所，上层女士在其舞场里设一个棋牌室，那些不愿意跳舞也不愿意到大厅走动、甚至不愿意到楼上房间聊天的男士们，便可在棋牌室内一展赌博技艺。有些女士虽不在公开场合赌，私下里她们和男人一样豪赌成癖。茂宁顿夫人（Lady Mornington）1745年还专门开设了几个赌馆。18世纪末，英国淑女们，尤其是白金汉郡和阿彻尔等地的女士们大兴赌博之风。赌博是从安女王治下开始爆发的一种毒瘤。散文家斯梯尔，

打牌桌上。18世纪纸牌赌博成风。时髦女士染此陋习而不能自拔。输钱的女士沮丧地坐在桌子旁，空钱袋挂在椅背左边。他们早上见面将会出现何种场面呢？

诗人亚历山大·蒲柏都对此提出了有力的抨击。

人们不可能依靠赌博致富，赌博却会使众多殷实之家破产。许多英国淑女因其父亲或丈夫赌债高筑而倍受煎熬。为了躲避债权人催还赌债，卡罗琳·凯培尔夫人(Lady Caroline Capel)和丈夫、众多子女1814年逃出了英国，因为她丈夫1804年的欠债数已高达20,000英镑。令卡罗琳夫人稍感宽慰的是，她在比利时的布鲁塞尔听到了滑铁卢战役的第一手最新消息。她的兄弟，尤克斯布利奇伯爵（Earl of Uxbridge）非常出色的指挥了盟军骑兵，取得巨大胜利，但他本人则在战斗中丢了一条腿。卡罗琳夫人在战役取得胜利后震惊的发现，她的丈夫在布鲁塞尔一家俱乐部又偷偷重操赌博旧业。在这段时期，卡罗琳夫人丈夫的豪赌绝不是什么孤立现象，而是极具普遍性，极具代表性的。男士、女士赌博成风，赌博成性，不赌不显示其大家豪爽风范，不少女士的日记里都详细记载着赌博细节，甚至赌到最后，不得不把身上唯一值钱的项链解下放到赌牌桌上。赌博之惨烈由此可见一斑。

在18世纪，难道就没有淑女希望获得某种程度上的经济独立吗？在那个时代，选择的余地确实很少。虽有写作这一行当，但那些主要写歌特式小说的人并不十分成功，所以它不十分稳定。在简·奥斯汀之前的范尼·波尼1778年发表《艾维利娜》前只从出版社预支了30英镑稿费。像简·奥斯汀以比较清醒意识创作的女士们几乎不敢期望得到多大的经济收益。

家境较困难的淑女们，或者去当家庭教师，如果已经成年，

也可到大户人家去照顾他们的女眷，或成为大户人家的少女出席社交活动时的女伴。上述几个职位都是吃、住皆在雇主家里。在那个时期，只有豪门巨户才有很多房子，除家人居住使用外，还供仆人、家庭女教师等居住。随着时代的推进，住宅面积在减少，仆人、佣人在减少，陪主人家女眷的女伴后来则是少之又少。

在居室比较小一些的人家中，雇来做家务的女佣倒是需要的。这些佣人的主要任务是帮助整理家务，打扫卫生，在面积不大但却显得优雅的公寓房里，主人雇用女仆人、主管家。

优雅代替了豪华。女主人需要另一家夫人帮助的正式场合日益减少，女主人需要在安静晚间其他夫人前来陪伴做针线的时间也比昔日大为减少。到18世纪末，在其他淑女家人紧张忙碌时间去拜访的女士几乎已很鲜见。庆幸的是，爵爷遗孀属于大都希望由女士陪伴的一族。原已习惯于指挥众多下人干这干那忙东西，现在则只好嘴里不停唠叨，直怪家里净有些穷亲戚。

海尔斯厄姆·史密斯夫妇及姑妈侧面剪影。只有士绅家庭才有这类肖像挂件。

有些女子过于古怪成癖，她们选择不结婚安做单身族。她们要有自己的家，通过请个小姑娘当保

水彩画。在位于蒂克福德公园附近的大会客厅里贴墙纸。墙纸是18世纪新发明的产品。画中显示，家庭女主人在两个姊妹协助下在粘都铎时期房子墙上的装饰花边。

姆或女伴来继续维持自己原来的生活方式。这样做，有时竟能提高妇女的社会地位。在埃利诺·巴塔尔（Eleanor Butler）和莎拉·庞松弼（Sarah Ponsonby）1778年一起私奔到位于兰格棱（Langollen）的村舍同居后，他们在爱尔兰的家人为此桃色事件蒙受了很大耻辱。促成他们私奔的红娘是曾在女方庞松弼家里的仆女，现在她的地位倒提高了不少，成了女主人的伴女。

黛安娜·斯泼玲（Diana Sperling）在43岁结婚以前一直同父母亲住在一起。两本精美的写生画簿收集了她从1812年到1823年所绘的水彩画。这些按照年月日顺序整齐装订，真实记

布罗克曼家人与肯特郡比奇巴罗福的朋友在一起。艺术家到乡村造访使众人激动不已。女士们穿着最漂亮的服装在各自活动：有的垂钓，有的进行素描，有的则在骑马。

录了斯泼玲家庭这一阶层“殷实之家的日常生活。”从画中我们可以清楚看出，画家本人黛安娜，她的姊妹伊莎贝拉，头戴布帽的已婚姐姐范塔莨夫人，有的在做薰衣草油，有的在贴新墙纸和墙上的装饰花边，有的在黑尼斯大厅檐边击打苍蝇。一般来说，上等阶层的公爵女眷们是不干这些家务事的，不过，她们有时也偶尔做做这些事以便从中寻找乐趣。

讽刺作家斯威夫特对18世纪初期仆人中那些不洁的陋习进行了入木三分的讽刺。他那篇“给仆人的指示”建议道：女仆不小心用扫帚长柄打碎了镜子后应该把墙上挂镜子的绳扣节割断，把破镜子平放在地上，假称绳结出了毛病。女侍者一定要设法拿错开启装茶叶和糖柜子的钥匙。给女佣人的最佳建议是：擦完火炉旁的铜架和铁架之后，一定要把“又脏又湿的抹布”挂在旁边桌子上。这样女主人就会知道，她并未忽略自己的工作。斯威夫特本人住在佣人门厅与客厅之间的一个房间，本人就像一位贵族府邸里的牧师。他对府里上人与下人各自的龌龊之事，可谓是了如指掌。在《早晨的描述》这篇讽刺文章中，他犀利的笔锋更加精神透彻，入木三分。

此时贝蒂刚从主人床上飞走

悄悄溜进闺房忙把被子弄皱。

贝蒂泛指贵族时髦女主人所雇佣的女仆，她们既是女主人的化妆师，又是其美发师。等女主人半夜从舞场回来，帮助其

整理衣服，侍候其上床安寝。照顾女主人衣食住行，更衣换服，其他佣人都敬她三分。如果本人不是出生于淑女家庭，一般也不敢梦想着成为侍女。她可以接受女主人所有的优良观念，年薪8英镑。其他佣人发现，女仆还有余钱添置华丽服饰。这些方面都颇会吸引男主人的眼球。

女主人若某日情绪特别好，还会赏赐于贝蒂裙子，外套或其他小饰件。正因为如此，伏尔泰（Voltaire）有一次在格林威治交易会上看到女仆举止优雅，落落大方悠然自得地驾驭着租来的马匹，居然错把她们当成了“时尚女郎”。在某种意义上，她们确实就是时尚女郎。因为长期与女主人及其高级服装打交道，她们耳濡目染，自然特别钟情时髦服装。自己购买的，加上女主人送的，她们大都有不少高档的时髦服装。

18世纪中叶，追求时尚发展到了令人难以容忍的程度。礼仪专家千方百计使撑裙边和撑裙箍显得优雅美观。女士发式和配戴珠宝也能显示出品味的高低。80年代，90年代时尚风气稍有改变，首次开始出现了复古服饰迹象。通过参观、游览意大利，观看新古典时期的绘画，人们对古董产生了一种强烈热爱，女士们也都希望穿戴得像是古希腊美少女一样美丽漂亮。虽然英国寒冷的气候不适宜女士只穿着一件束腰外衣，但有些女士们为了艺术和美宁愿忍受寒冷的侵袭。

有些时候新型便服使人觉得不合时宜。到女王的客厅做客，都需穿正式的宫廷礼服。参加体育运动或狩猎，也需要有适当的服装。骑手穿着习惯在18世纪没有多大变化，但他们步行时所穿服式却强调更加结实耐用。因为女士们行动需要更加方便些，自由度更大些。射箭术在遭受几个世纪的冷落后重新焕发了新的活力。沃伦先生（Waring）和艾史屯·莱佛尔爵士（Sir Ashton Lever）1780年在伦敦莱斯特大厦创立了箭术研究学会，威尔士亲王成为该学会热心的赞助人。射箭学会在全国范围内迅速发展起来，女士们成为学会最热心的会员。到1791年，索尔兹伯里伯爵夫人不仅成为一位热心的女箭手，而且又是位积极的女猎手，她还为《运动杂志》首刊撰写了一篇有关射箭的文章。在克莱斯皮格尼（Crespigny）夫人射箭早餐邀请赛上，优秀者将会受到奖赏，射击水平低劣者将会处以一定罚金。这些罚金主要用于礼拜日学校日常维修保养的开支。作为女赞助人，她确定了女射手们的统一着装。女赞助人一般都考虑把“草绿色”融进运动服装的色彩设计之中。这种色彩既可供比赛服装设计时选择，又可用于比赛结束后的舞会。于1791年，皇家苏莱利（Surrery）箭术学会提议将舞会服装设计如下：白色薄棉布圆外套，配以绿色米黄色腰带，头戴白色草帽，在配有彩带的花冠上挂两支弓，一根雪白的驼鸟羽毛在帽子上威严地摆动，见此服式，顿时使人感到威风凛凛。

淑女们在家庭内务方面也承担着重要责任。这里主要靠保姆和女教师。保姆这一职业在贵族家庭里延续时间要比女教师长得多。保姆的任务也要比女教师多一些。家庭女教师主要负责家中女孩子的教育，而这项工作经常由主妇承担，比如特穆尔（Trimmer）小姐自己是一位极具爱心、极为称职的女教师，在一家任女教师竟长达十年之久，孰不知，她姊妹12人中，6个姐妹是由其母亲亲手培养成长起来的。其母亲不仅教育子女成长，自己还为儿童撰写了六本儿童故事书，此外，还忙于周日学校活动。受其母亲的影响，以圣经为主题，特穆尔小姐也为教育其学生热心公益、慈善事业尽了巨大努力。

还有在文化教育领域取得很大成功的淑女。佼佼者之中有一位艾尔斯托波（Elstob）小姐，她经戴拉妮夫人推荐，从1738年到1756年去逝前一直于杜尔斯科德公园教波特兰公爵夫人家的几位女学生。若是在居室比较少的家里任教，女教师待在何处就成了一个突出问题。吃

商业名片上的广告：淑女学校好处多。在1786年演出的喜剧《女继承人》中，剧中对女子学校的一些女教师进行了嘲讽。

环境优美的女子学校。作家简·奥斯丁1813年访问过这所学校。她评论道："如果不是壁炉架上雕刻着裸体的爱神丘比特，这里一定是姑娘们学习的好地方。"

饭时，女教师不能同主人家的上等仆人一道在女管家房间就餐，她也不能一直待在学习室里，在迷漫着欢快气氛的餐桌上，女教师也不是受欢迎的人物。鉴于这种尴尬情况，父母亲倾向于把女儿们送到学校去，而女教师也宁愿在学校里教其学生学习。

18世纪的学校，可以声称对学生进行了全面的教育。在实际教学中，学校教育乡下姑娘如何在上层社会举止得体，主要教授舞蹈、服装衣着和礼仪。一般来说，女孩子们都在家里接受文化教育。在上学之前，姑娘们在女教师的指导下看书写字，浏览其父亲书房里的藏书。18世纪的女子学校继续得到发展。

青年女子学校的创办者知道自己的责任，即“为进入上流社会给学生提供基础教育。”切斯特菲尔德（Lord Chesterfield）勋爵认为：一个上流社会男士优雅的举止，尤其头部、上肢等的举止极为重要，尤其在跳舞时表现得更为突出。他要求自己的儿子仔细观察舞蹈老师同时也是礼仪老师的举止。年轻人应该坐姿优雅，悠闲站立时也应端庄注意形象，在对下级、同辈、长辈或上级都应有相应的良好举止。年轻女士就礼节礼仪具体细节，也

贵族家庭的淑女在绣花。贺瑞斯·沃波尔委托画家制作了这幅肖像画：画中是他的三个侄女，一个侄女在用花箍刺绣，两位用梭子缠绕丝线。

都一丝不苟地学习、训练。在牛津的舞蹈教练马修·托利(Mattew Towle)在1770年出版了一本《少男少女私人教师指南》。女子寄宿学校的创办人都公开表示赞扬这本书。舞蹈教练强调指出：舞蹈教人以恰当的礼仪，优雅端庄的行为，从容温和的称谓。他把没有掌握礼节礼仪的情景描绘得极其丑陋可怖：在走路时，他们的脚趾会翘起来，一个夹着另一个，头往前倾，低得下巴碰到了肚皮。在文明社会中，这些举止拙劣、粗俗，缺乏教养，甚至可以说粗鄙。惟有教授众人舞蹈，才能改变这种状况。因为舞蹈可为上流社会增加愉悦心情，而上流社会众人的幸福又依赖于人们的文明举止。

托利强调指出：年轻女士应该穿着端庄优雅，跳舞时应身着丝质或薄棉礼服。长筒袜应为丝织品或棉织品，舞鞋应是柔软的皮鞋。达到14岁的女孩子可以在头发上别一些饰品，如装饰羽毛、发带、丝球等。托利教女弟子学习如何使用扇子，如何行屈膝礼，如何站立，如何端坐，如何跳舞。步法应正确，但举止风度更重要。看人时眼睛应活泼、谦和，既不嬉笑也不过于严肃，表现适度。若做到这些，你就会使人感到愉快，认为你举止优雅。

在18世纪，女红针织等技能也是淑女应具备的技艺之一。她们有时在毛织品缝制一些饰品，花卉、图案等。绘制较多、较普遍的图画有：亚当与夏娃图，扬帆的航船图，牧羊女与羊群图等。绣好之后，制作者注明制作人，制作日期等标志。

随着历史的进步，淑女们通过阅读扩大了视野，拓展了谈话

贝瑞斯家庭成员合影。后面背景是圣彼得罗马天主教堂。詹姆斯·贝瑞斯是居住在意大利的苏格兰人的领袖，使英国人提高了欣赏古董的品味，为男士塑造了形象，为女士们指出了勤俭持家的诀窍。

范围和内容。她们的思想也变得高雅起来，可和家里、亲戚或朋友家的男士们谈论一系列问题，谈锋并不显得比男士差。她们完全有资格成为同伴，而不仅仅是家庭主妇。一位书商在1791年这样评论说：大约有几千女士光顾我的书店，她们非常清楚应该挑选什么书，对书的品味、作者情况都了如指掌，她们的读书水平可与英国任何一位男士相媲美。在谈论中，淑女们也从阅读中找到了新的信心，产生了新的想法。伊丽莎白·维茜赛（Elizabeth Vesey）夫人在80年代还在她自己的家里多次主持召开

德文郡公爵夫人乔治亚娜与其女儿在一起。

了文艺俱乐部会议。在会议上，许多女士，如蒙塔古夫人、色雷斯夫人等发言，阐述自己的观点，大家都听得津津有味。

贵族遗孀也不甘寂寞，更不想退隐。戴维·加里克（David Garrik）因最早演出莎士比亚剧而名闻遐迩，他生前家里宾客盈门。加里克夫人在其丈夫去世后依然经常邀请客人到其别墅谈论艺术。她是属于那种不打牌、不谈政治只谈论艺术主题的“蓝袜社”成员。在18世纪，像“蓝袜社”这种艺术团体中的成员，大都是有才华、有品味、有知识的女才子，与一般平庸之辈不可同日而语。

在婚姻问题上，尽管希望女儿按照父母意愿处理个人生活问题，但也绝非像昔日的中国，一定听从父母之命，媒妁之言。英国的淑女在决定个人婚姻上享有很大的自由。

1710年到1714年间，安女王统治英国的最后四年，玛丽·皮埃庞特（Mary Pierrepoint）夫人成了英国淑女中的名人。她在是否嫁给爱德华·沃尔特利·蒙塔古（Edward Wortley Montagu）问题上犹豫不决，倍受煎熬。如果嫁给蒙塔古，就会得罪其父亲多尔切斯特（Marquess of Dorchester）侯爵。因为在经济上两人意见分歧，多尔切斯特侯爵已拒绝了蒙塔古对其女儿的求婚。玛丽感到，她年龄越大家里的限制越多，所以，嫁给蒙塔古，就可使她摆脱束缚和烦恼。而蒙塔古此时所考虑的是旅游。到异国他乡旅游是他最希望做的事，他就喜欢出外长见识的生活。四年之后，多尔切斯特勋爵又为女儿寻到一个非常合适的贵族求婚者。在此紧急关头，玛丽感到，解脱束缚

蒙塔古夫人与其儿子爱德华在一起。蒙塔古夫人随夫出使土耳其,其间身着玫瑰色的马裤,坐在有靠垫的地板上接见客人。

限制的唯一途经就是与蒙塔古私奔。她一想到私奔就不寒而栗。谁能保证蒙塔古会永远爱她?没有牧师主婚,偷偷成婚无疑会使家庭蒙上耻辱,也可能使日后生活前景暗淡,甚至遭到灭顶之灾。玛丽有哲学头脑。她盼望去国外生活。到一个令人陶醉的外国去生活,和彼此深爱对方的人生活在一起,可以忘掉世间的烦恼,就像生活在只有两个人的世界里,果真如此,目的地那不勒斯不就是他们俩的人间伊甸园吗!

他们两人真的私奔了。现已成为蒙塔古夫人的玛丽,开始了她第一次国外探险。1715 年，乔治一世登基，为了推动辉格党的经济利益，国王任命蒙塔古为英国驻奥斯曼帝国位于康斯坦丁堡宫廷的特命全权公使。蒙塔古夫人为使馆佣人购置带有银色点缀的蓝色服装而不停奔忙。一切准备停当之后，蒙塔古夫人带着儿子，朝土耳其进发。她的目的终于实现了。她现在是一位女旅行家，她自豪地说，她和丈夫是整个基督教世界第一对从欧洲横穿匈牙利大平原的人。蒙塔古夫人无疑是第一位进行这次长途旅行的英国女士。穿着玫瑰色的马裤，戴着玫瑰色的眼镜，她在寄往家中的信中生动地描述了她所见到的土耳其人，所了解的伊斯兰教，所知道的土耳其乡村的风俗习惯。玛丽寄回家的信，几年后被结集出版，取名为《蒙塔古夫人寄自土耳其的书信》，在英国上下引起了轰动。玛丽特别幸运。他们夫妇去遥远的国度土耳其一切费用全由国王负担。英国淑女出于好奇心，盼望去国外看看，过去至多只是到法国、意大利或德国等附近国家。极少人有经济实力远渡重洋，前往非洲观光旅游。

从 18 世纪中叶开始，有两种类型的女士外出旅游：一种是希望摆脱日益紧张的经济困难，希望在国外赚钱或找到生活品、住房都很经济实惠的地方，这样可以减轻经济压力。另一种类型是因桃色新闻缠身，希望逃出事非之地，到欧洲大陆舒心享受生活。

弗雷德里克 · 奥古斯塔斯的女儿伊丽莎白 · 福斯特夫人(Elizabeth Foster)，于 1785 年发现自己与好友之夫德文郡公爵因不正当关系而怀了孕。公爵家里的女眷们愤怒之极，通过各种手段欲置伊丽莎白于死地而后快。在当时的英国，私生子依然为人们所不齿。遇到这种难堪的事情，犯事双方，或至少是女方，只好远走他乡。当然在事发之初，她们大都说到国外旅游，欣赏意大利或法国的历史古迹、绘画艺术等，到了国外之后，她们才告诉家人真相，若不出走，本国人的唾液定会把她们淹死。

德文郡公爵夫人乔治亚娜（Georgiana Duchess of Devonshire）是一个更加典型的例子。她在怀了格雷勋爵的孩子后，为了不引起人们的怀疑，她说服其母亲斯宾塞夫人，述说全家人去法国旅游对其生病的姊妹哈尔丽埃特·贝斯巴洛福的健康有利。令乔治亚娜颇感欣慰的是，其丈夫德文郡公爵无意加入女眷去法国旅游。直到乔治亚娜家人安全抵达法国后，公爵夫人才把真相告诉其母亲。其母亲是个笃信宗教的女人，对女儿如此有辱家门的行为十分生气。雷霆之怒过后，还是心疼女儿。尽管深感女儿做事有辱门庭，但事已至此，只好陪伴女儿度过整个妊娠期直到安全生产。

那些远足逗留国外的女士们，在经过一段风波之后，大都会开始新的生活，而大部分人都愿找自己的同胞，不愿意嫁给外国人。

在这一段时期，几乎没有几个女士愿意长期定居海外。只是到了19世纪末，才出现伊丽莎白、巴雷特·布朗宁、维埃利特·帕基特等放弃英国的种种束缚，决定永久定居国外。在18世纪末、19世纪初，英国淑女虽在国外逗留几年，但依然保留着“英国的生活方式”。几年之后她们返回英国，基本保持着英国原有的一些传统。

年轻淑女身着黑色骑装。维多利亚女王时代的淑女在骑装底下身穿大量绣织衬裙甚至裤子，以防跌倒时有失雅观。

第四章

深闺青春锁不住

1815-1870

滑铁卢战役以后，英国淑女因缺少宗教上层的伦理道德方面的明确指导，精神方面比较混乱，有时英国国教提供一些建议，有时不信奉新国国教的基督新教徒又提供另一些相反的劝诫，使得她们无所适从。

皇家圈内也没有什么指导。威尔士亲王，即乔治六世于1811

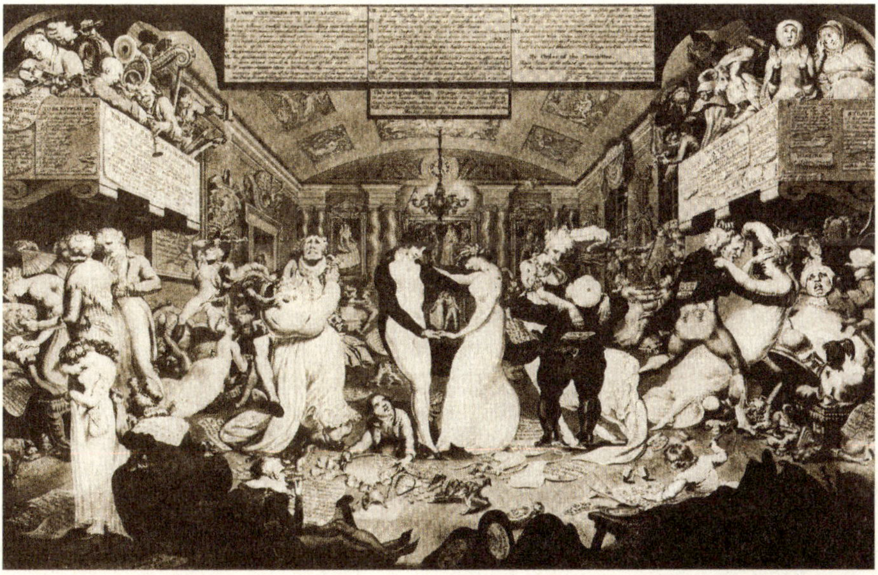

华尔兹舞。《泰晤士报》痛心获悉：1816年宫廷中引介了一种“有伤风化的异国舞蹈”，告诫“每一位家长严防致命的传染病”。

年在卡尔顿大厦为庆祝其父健康恶化而举行的豪华舞会上明确阐述了子女的责任和如何处理家庭关系。他被任命为摄政王后，1816年《泰晤士报》批评他在其摄政王王宫引进“有伤风化的外国舞‘华尔兹’，认为这种舞蹈新奇古怪应予以严厉斥责”。

摄政王夫人威尔士王妃卡罗琳同其夫一样，也没有为国人树立好榜样。她在婚后不久就同其夫分室而居，在宫廷内极少露面。从1814年到1820年间，威尔士王妃去地中海某地远足旅游，乘坐各种三桅小帆船、游艇等，到处闲荡。不仅如此，还破例骑着毛驴游逛耶露撒冷。在其夫御旨下，她与其旅行从仆巴尔托洛米欧·帕加米因犯奸情而于1820年在上院受审。这位新任国王希望结束与卡罗琳这场婚姻闹剧，以图再娶。伦敦上下对王妃的性习惯具体细节极感兴趣，甚至连法国、意大利等国都有大量女仆和

讽刺画。画中两人是威尔士王妃卡罗琳和从仆帕加米。1820年，英国上院审问乔治一世之妻犯有奸情一案在上流社会社交圈内引起极大震动。

贴身男仆前来上院旁听审判。

审判时期皇室成员的行为和道德准则降到了最低点。除国王和王妃行为有失检点外，其他皇家成员的行为也不时成为国人语垢。肯特公爵幼女1819年于肯辛顿皇家洗礼起名时，女孩舅舅摄政王储作为教父应邀出席。摄政王储稀里糊涂把本应起名为乔治亚娜·夏洛特·奥古斯塔的侄女，任性坚持起名为亚历山德里娜·维多利亚。这位未来女王的其他几位皇室叔伯不仅任性古怪有加，而且还常和粗俗者为伍。弗雷德里克·约克公爵，威廉·克拉伦斯公爵，奥古斯塔斯·苏塞克斯公爵，阿道尔弗斯公爵，坎布里奇公爵，等等，无视皇家婚姻法规定，不仅养有情妇，而且还有很多私生子。

从19世纪30年代中期开始，皇家行为和世风开始好转。人们曾经崇尚的轻薄细柔的棉布，饰以精致的新古典风格的刺绣，被厚厚的裙子，饰之以粗实的花边和精美的荷叶边和褶子所取代。服饰的改变，说明人们伦理道德的转变，轻薄转向厚实，奢华转向俭约。

“维多利亚时代的过分正经”矫枉过正是有其正当理由的。此前摄政王时期的那种粗俗行为、乡村习俗需要彻底根除。英国国教、基督教新教等都对维多利亚女王及王室成员清扫摄政王时期的污风浊气发挥了积极作用，使得世风“富有道德感，有仁慈心，有益于国人”。金斯利颇为赞赏地评论说：“世界上没有其他贵族如此体面地表示了忏悔，……如此激切地想了解自己的职责，想知道自己能够为臣民做些什么。”

当然，世风的扭转也并非一夜功夫可望完成，严肃的道德水准也非一日可以确立。老一代人的行为，也非一下子就能改变过来。比如，维多利亚的首任首相墨尔本勋爵就很难被说服更换新的服装去教堂做礼拜。他于1838年优雅地说道，他怕去教堂“听到某种非常特别的东西”，因此害怕去教学做礼拜。“人们过去的衣着不是那么正式，他们考虑的不是衣着风尚问题，而是应该做的正当事。”年轻的维多利亚女王所担心的却是，她的未婚夫埃尔伯特亲王对宗教过于执着。对此，墨尔本首相使女王相信，“有着强烈的清教徒意识”是件好事。后来证明，埃尔伯特亲王在英国的道德水平矫正方面起到了

精美的雕版图。选自《季节佳人》(1840)《美人如玉》、《激情》(1838) 插图。本封面插图是女诗人布莱辛廷夫人。优雅的居室背景配以精美的诗文。

定海神针的关键作用，从去教堂做礼拜、到参加舞会等都一扫过去颓废之风。他劝说爱跳舞的维多利亚女王，十一点离开舞厅回来用膳，十二点离开社交舞会回家就寝。

那些根本不愿忏悔的人中，有抱着摄政王时期行为和道德准则的女子，如在笱尔大厦的布莱辛廷夫人。她吸引了一批当时的文学名人，请其为“美人之书”撰稿，她任主编，以此提供其招待客人的用资。然而，除了男士外，上层社会的女子却很少参加她举办的沙龙，主要是因为她过去有过供人诟病的婚姻史。布莱辛廷是保持摄政王遗风的最后一位女子，从此以后世风有了彻底改变。

1840年，埃尔伯特亲王希望，他与维多利亚的儿子（后来成为爱德华七世）不要沾染昔日的不良作风。这种虔诚的期望反映了当时英国道德水平的改变，勤奋努力，严格家教是英国家庭教育的真实写照，那是一个充满信心的时代。无论工业革命带来多大的负面作用，它的积极作用却是显而易见的：为热情和有远见的人们提供了机会，去实现其远大计划，因此改变了整个社会状况。不过，也正是从此时开始，英国开始了大规模的对外扩张，也正是在这段时期，英国开始了其罪恶的鸦片贸易，而后导致了鸦片战争。

维多利亚时代的士绅们一天到晚想象着他们离开的那个家，而与此相比，父辈们却因长期生活在家里或在离家不远处工作无此烦恼。现在他们想象中的家应该是：离家数月的异乡客，希望回家时爱妻、子女都会热情地欢迎他归来。想象着烧得暖烘

烘的火炉，为他准备好温馨的家，想象着干净、丰盛的饭菜等他回来享用，当然，最为重要的是，家应是安静、舒适、有序的。维多利亚时代的士绅希望家每天都应如此。置身于家务琐事之外，需要他做时，在他休息好以后再告诉他，以免打扰他的雅兴。丈夫回家时，要感到妻子天使般漂亮美丽、纯洁优雅、可亲、可爱。

维多利亚时代的淑女，纯洁、天真无邪，真有点像中国古代的窈窕淑女，关于男女之情，关于性知识她们几乎是一片空白。比如某位铁路企业家的几个已婚女儿在其小妹待自闺中时是绝对不同其谈论长姊们的婚姻生活或经验的。有一位中年画家乔治·瓦特向年轻的爱伦·特里求婚并“与其他人稍有一点不同地吻了她”之后，她两周内未敢对外人提及此事，然后向她母亲倾诉了这一遭遇。“我告诉妈妈，我必须现在就同他成婚，因为我快要有小孩了！！！而且妈妈也相信了我的话。我深信，那一吻就意味着使我怀了他的孩子。”

淑女、贞洁、美德，受到骑士制度极大的尊重是这一时期重要特征之一。士绅们到帐房里为谁能赢得在城堡里或城郊别野的女士们的芳心而争强斗狠。埃格灵顿勋爵（Lord Eglinton）1839年为这种中世纪的骑士精神作了最具代表性的表现，他在其苏格兰庄园里举办了一个中世纪的锦标赛，其花费高达四万英镑。维多利亚女王和埃尔伯特亲王同样也具有这种中世纪精神，只不过表

晨祷。维多利亚时代人们喜欢做教堂礼拜。教堂要求人们每日举行这种祈祷仪式。每逢此时，家长带领全家上下一起进行祈祷。

现得更加庄严、堂皇而已。他们在1844年的舞会上，分别装扮成菲利帕女王和爱德华三世。惠灵顿公爵的几个儿子用租借的盔甲，模仿武士你打我斗，而理查德·蒙克顿·米尔奈斯(Milnes)却扮演成乔叟。

在情感以这种低调方式被圣法化和纯净化之际，声色之乐已极不合时宜。然而，女人之身体可任由其夫支配却是不争的事实。乔治·诺顿夫人虽经受了丈夫极粗鲁的做爱经历，但却未提出任何抗议和不满，只是在其小说《顿利斯的斯图亚特王朝》中以诺顿为原型的小说男主角中作了描述："当然，只要他有兴致，他就会鼓励她爆发激情，共浴爱河，即使没有兴致，她的身体也依然是属于他的。希望、温柔、谈情说爱，推迟时间，在他的头脑中不占任何位置。可是有些妇女却认为这种充满激情的爱是极为壮观的。"

对性教育方面，女子既不能从母亲、姊妹处得到指导，也无任何出版物可供阅读，她们只能顺从接受男方所提供的一切。维多利亚女王与其夫埃尔伯特亲王独处时喜欢吻其夫的手，我们经常彼此接吻，我斜依在他那水灵清新犹如玫瑰的柔软脸颊上。……在他们成婚后的第二天，女王于1840年在日记中写道：我的最亲爱的埃尔伯特帮我穿上长袜，我走进洗漱间，看着他刮胡须，那种感觉真是令人陶醉。就是在同一年，一位老处女、随笔作家卡罗琳·梅茜·威格丽，同其使女一道远足旅游。她虽人老珠黄，相貌丑陋，人们常把其谈作老处女。但在其旅游德、法期间遇到一位英俊单身汉，索利胡尔教区长，阿彻尔·克莱夫牧师。他们结伴而行，对由此而引起的流言蜚语不屑一顾。有一次，阿彻尔牧师在安特卫普吻了卡罗琳。对此，卡罗琳写道，他"吻了我的嘴，当时我从未想到会是这样，也没有这种奢望，从未有超过他把我称为姐妹的非份之想。"他们回到英国后，阿彻尔还在日记中写道："咱们去奥尔顿共进晚餐？好的。"

祝孩子们长命百岁！儿童生日晚会是各位家长展示其财富和子女服式的最佳场合，但图中只有他们穿的海军装能为众人接受。

维多利亚时期的妻子通常都很感激地接受其夫的示爱和对其所作的其他要求。她们认为，应接受男人的优越地位。一个高贵、开明、真正有责任心的男人是有力量的，崇高的，具有天使般的能力。能在他心中占有重要地位，倾听他的建议，与他共享甘甜，分担艰辛悲伤，很难说谦卑与感激，哪一方面更占上风。

维多利亚时代的先生们感到唯一的困难是来自其实业上的

压力，使他们不得不经常离开自己的伴侣。一位铁路企业家理查德·波特之女比阿特丽斯（Beatrice）在回忆童年动荡不定的生活时写道：大企业那种动荡不安的精神笼罩着我们的家庭生活。因工作需要，比阿特丽斯的母亲带着九个子女和家里仆人跟随着丈夫不断搬迁，全家也经常不断换租房子。铁路企业家理查德要横跨大西洋，于1874年去加拿大参与铁路主干线的开发，家庭生活中长达三十年的积怨一下子爆发出来了。陪着其父去加拿大蒙特利尔的女儿对母亲的抱怨作了如下回答："当然，我们对留下您一人孤独在家都深感不安，爸爸感受尤为痛切……不过……如果突然中断与铁路建设有关的一切联系，中断这种生活，在没有任何事业中过着退隐生活，对父亲的身体健康，对他的工作精神，都是十分危险的，最终结果呢，对您也不会是那么令人满意的。"

与其说是因为丈夫走出家庭生活进入公共生活，倒不如说是因为丈夫不在家精神上使妻子感到孤独。盖斯凯尔（Mrs Gaskell）夫人完全赞成其信奉唯一神教派的丈夫到不同课堂进行讲学辅导。她所担心的倒是他过于繁重的工作量。此外，他还要负责委员会的工作，以及《唯神教先驱报》的编辑工作。因为工作极为繁忙，妻子与儿女只能在就餐时见他一面。盖斯凯尔夫人1860年在其小说《西尔维亚的情人》中论述了男人作为丈夫所起作用的局限性："即使具有最温柔体贴、最稳定的男子汉气质的人，在其生命中最辉煌那一时段里，除了关注爱情之外，更多的是关注其他思想和情感。即使是那些最具家庭观念最有爱心的男人，他们的情感也是封闭在一个隐蔽处，与其真实的生活有着明显的不同。”

一般来说，维多利亚时代的男子都对妻子家政经济知识给予褒扬，他们明确表示，绝不干涉妻子的家务事。他们完全相信妻子的管理技巧，认为自己既帮不上什么忙，也无力改变其样式。狄更斯小说《大卫 · 考波菲尔》的主人公考波菲尔认为那个傻乎乎、孩子气的朵拉撅着小嘴的样子，可以成为很可爱的新娘，虽然他们贫穷，她的小狗吉普却可在12点钟准时吃到小羊排骨。然而，因为朵拉并未变成一位善理家政的主妇，而是把本应用于学习如何料理家务、如何计算开支等的时间花在了小狗身上，因此麻烦不断，问题堆积如山。作为妻子，拥有孩子般的可爱，可能讨得丈夫的欢心，但因不善理财，未能使考波菲尔家变得富裕。维多利亚时代的淑女最重要的职责是，不论家庭收入高低多寡，都能安排有序，略有节余，以供一家之长能有富余部分供其特殊需要支用，维持家中殷实景象。

英国杜冠诗人丁尼逊夫人艾米丽 · 丁尼逊（Emily Tennyson），在考文垂 · 帕特莫尔眼里，是位完美的女性伴侣。她虽然既不聪颖过人也非特别富有文学天赋，但她完全理解丈夫丁尼逊先生的需要，等待着他回家，出色地履行着一个妻子应该做的一切。这就是说，妻子应尽力去取悦丈夫，能取悦丈夫是妻子的一大乐事和美德。

在19世纪40年代以后那段时期，绝大多数妇女依然满足于照顾好丈夫，以便丈夫在外边能取得“更高的地位”，这样，就可封妻荫子，她们也可赢得地位，赢得尊重，使家庭经济更有保障。

不过此时我们也应看到，已出现了独立于男人或独立经济的思想萌芽。杰拉尔丁·珠斯波莉（Geraldine Jewsbury）1849年这样写道：我认为当妇女能过上真正属于自己的正常生活，我们的日子就会好过得多。那时可能不会有那么多的婚嫁，妇女会认识到，即使保持单身不结婚，也不会感到其生活得不够成功。另一位作家哈里特·马丁诺认为，父亲投资破产后为她提供了脱离士绅掌中玩物的大好机会，使她有了靠工作和写作维持生计的动力。争取妇女政治选举权的活动，直到1866年提出《家庭公民权法》后才大规模开展起来。拥有选举权的家庭每户至少交10英镑；妇女并未被特别排除在外。在曼彻斯特，4215户中有3924户户主是妇女，因此要求有选举权，结果遭到了否决。关于妇女选举权的呼声由此逐步壮大起来。有些妇女，而且都是上层

令人敬佩的乔治·诺顿夫人。夫妻离婚后，只有男方对子女拥有监护权。在卡罗琳·诺顿与丈夫分手后，她被剥夺了看视子女的权利，为此她勇敢地向政府起诉，要求修改法律。

妇女，确实就国内一些事情上向传统和法律提出过挑战。乔治·诺顿夫人（George Norton）于1855年公开发表给维多利亚女王的信，就《克伦沃斯提出的结婚和离婚法》提出了自己的不同看法。长达数世纪的旧势力，长期积淀的屈从、顺从和谦卑等，一起向她压来。卡罗琳·诺顿深知公众抗议的力量：1836年他丈夫指责她与首相墨尔本勋爵有暧昧关系，剥夺了她对得了其三个子女的监护权，尽管法院宣判她无罪。她愤怒地写道："如果不让我看到孩子，其他一切都变得微小甚微而毫无意义，我什么都不签，什么都不做，什么都不会听。"她愤恨地对诺顿说："和此事有关的任何其他方面，你总是把孩子从我身边夺走，就像抢走我去阿尔迈克斯戏院看戏的戏票。"卡罗琳的抗议最终导致1849年通过了《儿童监护权法》，允许母亲可以有条件地看望子女。尽管诺顿夫妇关系破裂，乔治·诺顿还在支配卡罗琳的写作稿费，甚至从控告他不当行为的小册子得到的稿酬。在乔治·诺顿监护子女期间，他连大儿子的死讯都未能及时告诉孩子生母卡罗琳，致使后者未能赶上其子的葬礼。

诺顿夫人写道："女人必须屈从丈夫，不屈从者就是坏女人。"她后来虽被允许看望子女，但却无钱供给他们。离异或离婚女子理应有权使用其自己的收入。诺顿夫人在关于离婚法方面的一些主张，在1857年通过的婚姻法都予以采纳并写进了婚姻法。过去离婚都是在议会里当作重大事件来处理的，从此以后允许在地方法院特别法庭处理离婚事宜。卡罗琳这种破天荒向立法挑战的勇敢行为确实不应低估，她是位最成功的挑战者。

这和她是政治家希拉顿之女、与上层有着各种政治联系不无关系，比如她的一个姊妹成了达弗林侯爵夫人，另一位姐妹成了萨默塞特公爵夫人等有一定的关系。诺顿夫人后来达到目标之后，便过起了恬静和与世无争的生活。她是位请愿者，不是一个女政权论者。她写道：我从未自认为有那种野蛮荒谬的平等观念。

在卡罗琳努力争取已婚妇女权利之前，还有一位艺术家芭芭拉·雷恩·史密斯·鲍迪俦(Barbara Bodichou)也为此作了不少努力。她写道：已婚妇女的存在完全取决于丈夫，她的身体属于丈夫，丈夫可以任意将自己的权利强加在妻子身上，她婚前的个人财产、婚后绝对由丈夫支配，不管与妻子是合是分，他都可以随意处置那些财产。对这些明显的不公平，她义愤填膺，于1856年组织了一个委员会来支持第一个《已婚妇女财产权利法》。尽管芭芭拉争取到了相当可观的妇女签名，但法案还是未能通过。小说家盖斯凯尔夫人虽然对所提措施持怀疑态度，但还是签了名。芭芭拉继续在有关妇女权利的其他方面努力奋斗，并帮助建立了格顿女子学院。她是一位天生的公正不阿的改革家。

其他大多数淑女有时脚踏两只船：一方面参与争取妇女权利的激进政治活动，但另一方面又舍不得她们已经拥有稳定可靠的贵妇人地位。后来成为争取妇女选举权的著名领袖的艾姆奈琳是其中的姣姣者。

谁自愿想当维多利亚社会的女孩呢？实际上，在小孩长到九、十岁时，托儿所才对孩子的男女衣着有所区分，此前，男女生都穿一样的服装。苏格兰高地人的服装，首先是由司各特小说引介进来，然后又由女王维多利亚和埃尔伯特亲王在1850年代的协力推动，遂使苏格兰高地人服装流行了起来。在1851年举行的服装展销会上，威尔士亲王从上到下全部穿着苏格兰高地服装。一位十一岁的女孩，扎着“道格拉斯粗辫子，身穿束腰服，细细的袖子，如腊像人般的衣服。”这样的着装打扮令全家人为之愕然，引起了无尽的麻烦。男孩子的服装也好不了多少。在其父母为其穿上丝制华美服装时，好像是在“替代他人消费。”少男少女们都穿着十分令人难受的服装，直到那个世纪末他们才有简便宽松的装束。这种装束使得女孩很难去进行动作较大的游戏。这或许符合当时父母亲的意愿，因为上流社会指出，淑女首先要行为举止优雅。女子学校里通常把板子放在女孩背后衣内，以促脊背笔直。进行操练时头顶着重重的书本，长达数小时笔直的坐着，坐在无靠背的凳子上，累得脊骨疼痛，耳朵嗡嗡作响。即使是在戏剧舞台上演节目，女孩子也必须危襟正坐，至于演出技巧和语言表达则是第二位的。在1866年出版的有关行为手册（12次修订版）中，建议女生在朗诵时只可适当辅之一些头部和下肢动作，并认为这已经是很了不得的进步。

《年轻女士》从1829年出版后一版再版，反复告诫其女读者：“行为上的尊严，仅次于谦逊”是女性特征最高的装饰。行为与其说是技巧问题，倒不如说更是行为问题，舞蹈老师教学生如何跳舞，而不是如何坐直，如何站立，甚至也不是如何行屈膝礼。舞会的起始结束时，女士要弯身行礼，行礼时膝关节保持直立，见面与告别时，要握手、不再行屈膝礼。事实上，屈膝礼已日渐过时，只是在正式场合或有幸见到王室成员之时才用。良好的风雅，就像是化装品，是维多利亚时代公开宣称放弃的内容。然而，尊严在所做作的姿态、矫揉造作有活动中都是最重要的。《年轻女士》告诫女读者：任何时候都不能表现出松松垮垮的样子。在婚姻上，淑女的言行只能表现得“更加文静更加有尊严。”

主要会客厅。在继承了丈夫建造瓦伊府邸后，玛莎对主要房间进行了改造，挂上了水彩画，品味大为提高。

淑女们能享受的娱乐活动也仅限于一个很小的范围。1860年出版的《女孩必读》列举了可怜的几项活动。第一部分是室内活动，如挑棒游戏（也称抽秆游戏）令那些爱动的女孩子望而生厌。第二部分：女红，或称刺绣活动。如织厨房用的围兜，丝织品，用蜡花等，这些活动都不会使人产生多大兴趣。如果一个女孩子对读书或绘画不感兴趣，也不喜欢女红，那她必定会觉得年轻时代毫无乐趣。弗洛伦斯·南丁格尔对其在汉普郡埃布勒公园家庭生活描述如下：“啊，多么无聊的日子啊！晚上似乎漫无尽头，我不知在看着客厅大钟过了多少岁月，感到它总也走不到十点。”她写上面这些话已是31岁的大龄女，不过，只要未婚，不管岁数多大，淑女都被当作是家中的小孩子。家中的女孩子一天到晚做着繁重的针线活。除此之外，几乎没有其他娱乐活动。这就是那个时代的真实写照。

19世纪30年代后，从德国柏林引进了毛织品，预示着刺绣样品逐渐淡出，越来越多的人追求以三维色调编织刺绣人物造型等图案。在柏林新出现的织物图案很快就被进口销售到了英国。柏林毛织物最吸引人之处是它的厚实，钮扣、座垫罩、脚凳、（旧时吸烟时戴的）吸烟帽、火罩、壁炉架上的装饰重纬等，很快就装备一新，珠子、丝线也被引介到刺绣中，后来用珠子装饰座垫罩，装饰晚会用小提包也成为一种风尚。最为流行的是花卉设计，大都与王室有关。由温特哈尔特创作的维多利亚女王及其家庭的肖像，一群士绅把脚放在脚凳上，刺绣垫上绣有威尔士亲王的头像，小狗、小猫的绣物也颇受人喜欢，尤其是埃德温·拉姆德西尔绘的女王的宠物狗“戴茜”更是人们争相购买的抢手工艺品。

图案式样日益增多，到1840年已有14000种供人们选购，针织品已不再是一项技艺，因为有了预先设计好的图案，它仅是一项业务室的工作。富有远见的萨姆·彼顿为淑女们引介了一项极有意义的技艺：裁缝。这是最令人感兴趣的一项进步。他把许多有关服装式样的杂志、图案、插图等收集起来，装订成册。他的夫人伊莎贝拉研究这些彩色插图，将说明翻译成英文，再编制出自己的说明并配之以图案。他取得了很大成功。在1871年期，巴黎的一些裁缝师收到了他们制作的图案。萨姆甚至通过热汽球把时髦的彩色插图等运出城外。

维多利亚时代的活页乐谱《让我教你如何弹奏》、《美妙的嗓音》等。为钢琴弹奏和伴唱的简易乐谱从1800年起开始流行起来，可以满足富裕家庭娱乐活动的需要。

除女织之外，淑女作为传统消遣的项目还有音乐、艺术等。在音乐方面，钢琴始终占据主导地位。从1800年起，立式或竖式小钢琴非常流行。一些制琴公司，如布诺德伍德公司和克莱门特等改进了音韵，引介了“软踏板”及其他附属配备；许多家庭废旧买新以迎合潮流，二手乐器这一行当快速发展起来。许多家庭的女孩子，尤其是上层社会的贵妇人，都以能熟练弹奏钢琴为荣，因此她们在钢琴上训练时间之长，练习之辛苦可想而知。

欧洲年轻女士除了学练钢琴曲向外人表现其才华外，英国淑女还燃起学练芭蕾舞的热情。世纪之交，活泼的爱尔兰、苏格兰的风度逐步让位于英国家庭里演唱有关基督故事的歌曲，亨利·比箫普爵士的歌剧《克拉莉》中那首《甜美的家园》，是最著名且最广为流传的一首。还有些虽然是圣歌，但也依然倍受人们的喜爱。因为淑女们对学习芭蕾有着很高的热情，声乐教师倍爱欢迎：维多利亚女王请莱而拉奇为其授课，盖斯凯尔夫人用稿费请声乐老师为其女儿玛丽安授课。英格兰本土虽无几个享有国际声望的音乐家，但维多利亚时代的英格兰却是举国上下歌声悠扬。欧洲其他国家最优秀的作曲家、音乐家、歌唱家云集英格兰，为英格兰人民送来了音乐大餐。

门德尔松大师是常客，波利奥斯经常来访，杰尼·林德(Jenny Lind)在英国的许多学院里出现。音乐淑女们欣赏音乐也各有所好，如果她们不到音乐会去，她就到其私人音乐厅里欣赏表演。

在艺术绘画方面，英国淑女也开始朝着专业化方向发展，水彩画是她们自然选择的形式，不过，用彩更趋大胆。如在1861年成立的女艺术家学会举办的画展上，后来成为巴特勒夫人的伊丽莎白·汤展出了她的绘画作品。不过英国绘画作品水平尚不是很高，所以直到拉斯金看到于1875年在皇家艺术学院展出的巴特勒夫人的作品之前，他一直认为“英国没有女画家”，不过在19世纪50年代，他教盖斯凯尔夫人的女儿梅塔学画，并鼓

画室中的艺术家。在1861年，女艺术家协会基金会终于得到了承认。人们也认识到，需要有女艺术家的作品。

励她去意大利亲眼看看，哪些方面可以为她的绘画注入新的养分。他声称：没有到过威尼斯，谁都不可能绘画。盖斯凯尔夫人1862年带着女儿梅塔到了弗洛伦萨，去研习古代大师的作品，据称，梅塔终日沉浸到那些绘画作品之中。弗洛伦斯·南丁格尔的侄女希拉里·布哈姆·卡尔特曾于1843年在巴黎的画室里研修过。不巧的是，她需在其姊妹家治疗所患的麻疹，同时养花种草，她偶尔被应允参加在伦敦的“女子画室”。

英国淑女让欧洲其他国家的人大开眼界，她们既有耐力又能吃苦，且认真学习。由于过去所受专业教育甚少，她们急切盼望掌握更多专业化的知识。迈克尔·法拉第向女士听众们介绍电能知识时，她们全神贯注，犹如在倾听颇具时尚的牧师布道。18世纪，伊拉兹马斯·达尔文（Dr. Erasmus Darwin）博士在其“为女子寄宿学校制订的女子行为准则教育计划”中曾建议，在自然历史中增加诸如贝维克木刻画或讲“四足动物”的故事来增加课程内容的兴趣，他们应去参观外国动物的巡回展出，与此同时，他们阅读拉斯金有关艺术史的巨著，并据书中建议，去外国亲眼欣赏书中描写的外国名画。关于科学方面达尔文曾建议淑女们去参观陶器场、钢铁厂、铸造厂等。19世纪中叶，女士们找到了一个好去处，在1851年大展览之后，于辛顿哈姆重建的帕克斯顿水晶宫，内藏收集到的史前时期恐龙雕刻作品。这些展品似乎比达尔文孙子的那本《物种起源》（1859）更使人兴趣盎然。

在水晶厅的“休息室内”，首次在英国为游客提供了可供男女公众方便的设备。乔治·詹宁斯（George Jennings）不顾一些人的反对负责安装了这些设施。公众方便的设备安装起来了，不过普及得却相当慢。在19世纪70年代，郊区日益增多，铁路将郊区与城市连成一片，詹宁斯公司赢得了更多的合同。在19世纪70年代，住在伦敦北部地区坎农贝里的女士们，在上午10点左右还要回家一趟方便，因为在伦敦西区未建有方便设施。

女士们对花卉园艺的兴趣始自19世纪30年代，她们有机会参观了在皮卡迪里埃及厅举行的“花匠之花”的展览，以及在奇斯威克的园艺学会大厅举行的展览。这些展览为当时很受欢迎的园艺杂志和简与J.C.伦敦的园艺手册丰富了内容。哪里有好奇心，哪里就有维多利亚时代，有埃尔伯特亲王及其1851年的大展览作榜样，一些业余展出则设想满足人们的好奇心。这种活动拥有的经济利益，因此在奈茨布里奇和肯辛顿之间，相继为学者们建起了博物馆，学院和房屋建地基，以便进一步满足于人们求知的强烈欲望。

1862年于布莱辛廷夫人的故居，苟尔大厦，即后来起名为埃尔伯特大厅的地方举行了一次国际博览会。两个多世纪以来，在这里首次展出了来自日本的瓷器、纺织品、绘画作品等，这些展出令参观者激动不已，由惠斯勒和年轻的商店经理亚瑟·李波特（Liberty）推动的要求了解东方的强烈欲望被激发起来了。李波特说服了法尔玫与罗杰斯这两个围巾大商场的雇主在展览结束后，全部买下日本的展品。他成立的东方商品部迅速走红，人们对精美的纺织品和陶瓷品着了迷。那家围巾商场著名披肩商行于1880关门，披肩与昔日衬裙一样不再时兴，但李波特于1875年独自开了一家东方女士用品丝绸店，这一时尚的改变与1862年的世博会有着直接的关联。

农家与罗杰斯印度披肩商场所做的广告。在摄政王街这家著名商场里，皇家成员和普通百姓络绎不绝前来购买各种女式织品，盛况从1750持续到1870年，达二十年之久。

展览，博物馆，讲座厅，

为人们了解外面的世界的法宝。淑女应该为此感到幸运，因为其所受的教育对激起了解外部世界的欲望方面几乎没有任何帮助。昔日的保姆已由家庭女教师所取代，从而可教她们一些基本知识和技能，如写字、数学、阅读，再加上初步的女工。在女孩长到14岁左右时，有的可能被送到由淑女承办的学校。对于把女孩子送到昂贵学校接受教育这种做法，《英国主妇》(The English Housekeeper)一书作者安妮·科贝特(Anne Cobbett)（激进派国会议员威廉·科贝特之女）认为，应认真检讨。因为女孩子学完回家满脑子装着什么古罗马统帅西庇阿（Scipio）、华盛顿等名人的东西，却弄不清谁曾首任美国总统。

对此混乱负有主要责任的是在新世纪之初成为教科书的问答手册。小学校长里奇迈尔·曼格纳尔小姐于1800年编撰了一本《年轻人历史事件及其他使用手册》，19世纪50年代又出版了《夏娃问答手册》实用手册，颇受读者欢迎。这些教辅材料，鼓励了那些不知天高地厚的年轻人，使她们的头脑里装满了这些东西。

科贝特对女子住宿学校的责难是十分严厉的：历史与地理课都是死记硬背，周一学一篇古希腊文，周二学一篇罗马文，周三记一篇传记课文，然后就是练习，把所有的时间都填得满满的，没有一点时间学习美艺术。她对寄宿学校的抱怨从萨克雷《名利场》小说中描写阿米莉娅·赛顿顾小姐与贝基·夏普小姐在布赖顿学校所受教育可略见一斑。

一位曾在此种学校接受过教育，后任记者的弗朗西斯·科布在其自传中对这种寄宿学校的学习与生活有过细致的描写：这种寄宿学校是那种有着历年历史机构的代表。听起来显得高雅无比，录取的大都是有身份人家的女儿，其中大部分是乡绅、议员、贵族等家庭的女儿。这种学校收费高昂，每年竟达500英镑，还不包括按礼节时尚要求的许多其他附加费用。（狄更斯当时作为议会高级记者年收入才250英镑）。弗朗西斯是当时在校学习的25名女生之一，在大教室里上课，教堂内放养四架钢琴，在大教室里的不同区域，同时授有法语课、意大利语课、音乐课、钢琴课等。老师和家长都认为音乐对学生来说最为重要，绘画却不是那么重要了，因为它具有较少卖弄的成分。除钢琴和竖琴外，还有那些“新型乐器”，如六角手风琴、手风琴等。舞蹈的重要性排在第二位，每一国家的舞蹈，从西班牙的波利乐舞，到意大利的快速旋转舞，都要学。唯一喘息机会是下午到外面空地或平台上在老师的监督下练习一小时走步。

在这种学校学习若干年的学生，培养了闲聊和喜欢精美服饰的嗜好，但却没有机会学习如何勤俭。

正如科贝特小姐所抱怨的，寄宿学校教育根本没有为女学生长大成人后作任何必需的准备，他们只有一种虚无的成就感，对婚后所需要的一切没有什么帮助。由学生而成为夫人，认为做布丁只是雕虫小技，仅学会了演奏高雅的奏鸣曲。1852年，报纸编辑比顿也对“寄宿

严厉的教师和温顺的学生。女教师领队，学生排着长队跟在后头，她们边走边背诵着所学的内容。这种场面在布赖顿地区非常普遍。

学校小姐”给予了类似的批评，“年轻女士独特技能包括做服装和进行华丽装饰，间或读读小说，（有人陪伴时）在钢琴上弹奏幻想曲，然后……一群人在一起无话找话地闲聊胡侃，然后毫无根由地大笑。”

当然，任何情况都可能有例外。比顿发表上述言论的当年，他本人的未来妻子伊莎贝尔·比顿正在伊斯灵顿就读于寄宿学校。因其家中兄弟姊妹众多，伊莎贝尔不仅对公共饮食业产生了兴趣，学会了做布丁，研修了法语、德语，还专修了如何制作法式蛋糕等课程。尽管如此，在1856年同比顿结婚之前，她并未有多少烹饪实践。不过，她后来确实在家政的各个方面都十分出色。

女子寄宿学校毕业的学生大都表现平平，部分原因归咎于其女教师的低劣教学水平，教书是淑女们唯一合适的职业，但1830年代至40年代间，绝不能说她们已胜任了该项职业。在《简 · 爱》这部书中，布兰奇 · 英杰格拉姆当着简的面，说道：女教师是多么令人讨厌啊。该小说中的阿黛尔则说道：女教师中有一半令人讨厌，剩

家庭女教师百无聊赖地待在学习室内。1841年一位牧师建立了家庭女教师慈善学会，为勤奋的淑女提供帮助和接受教育的机会。

下的一半则荒唐可笑，而所有家庭教师都是些恶魔。仅有的少量职业还不为人们重视，由此可见淑女们在那个时期的社会地位。

情况到了19世纪40年代后有了好转。在19世纪40年代后，提出了一些改进措施来提高女教师教育水平。在1841年成立的女教师慈善机构的赞助下，F·D·莫利斯于1848年建立了王后学院，他们从伦敦大学等请来专家为女教师举行各种增加其就业机会的讲座。他们的内容有所增加，既强调了专业学习，又重视宗教业务方面的学习，目的是为了进行对外文化交流（实际上）西方、尤其是英国从1840年代对外进行的宗教活动，说是传播西方文化，让其他国家接受西方文化理念，其实质就是一种文化侵略与扩张。从王后学院毕业的两位女学生从改善的教育条件中获益匪浅。巴斯小姐于1850年建立了伦敦北区女子学院，比莉小姐于1858年成为切尔滕纳姆女子学院第一位女院长。这两位女士都强调，体育锻炼与宽松服装对女子会有莫大好处，为此与父母和管理人员据理力争。巴斯不允许女孩子衣裙拖在脚踝以下，不赞成她们穿戴使胸部成形的束腹衣，比莉建议女生穿各种对身体无害的服装。她们借鉴男子公学的一些做法，建设大礼堂，确立演讲日，让女生树立为公众服务的思想等许多标新立异的活动。

巴斯小姐于1865年应召去学校咨询委员会（Schools Enquiry Committee）汇报情况时，委员们就其所办学校招生对象组成等情况问了许多问题。她们都是中层以上家庭的女孩子吗？巴斯考虑到，他们都会希望她这样做。她们都学拉丁语和法语吗？确实如此。不仅如此，她们还学习数学，因为剑桥大学对外测试中有此内容。这些女孩子入学前都有什么样的教育水平？“非常无知”。关于技艺问题(三十年前弗朗西斯·科布的布赖顿学校非常强调的内容)，巴斯小姐言语非常肯定：确实有极为需要有技术的女生。“不过，我们要尽量使她们拥有各种技巧。”比莉和巴斯两人都竭尽全力从有限的资源中培养出有理性的女生。在学校咨询委员会听证的同一年，另一位教育家伊丽莎白·赛威尔在其书《教育原理》(Principles of Education）中写道：我极为关注那些女生脆弱的身体，如果她们都过高要求自己，一定要达到其兄弟们所取得的成就，她们的身体就会垮掉。她哀叹，学校里飞速旋转的车轮与恬静的家庭生活似无什么联系。

几乎没有几个淑女拥有伊丽莎白·加勒特的不屈精神。她顶住了强大的压力坚持学医，在1861年，在她于米德尔塞克斯郡医院听课八个月之后，其他男学生在向医学委员会递交了一份请愿书(加勒特由于是班内唯一能正确回答难题的学生而遭到男生的怨恨)。说女生在手术现场，成了被动旁观者，男生对她在场极为气愤，想方设法要破坏这种状态。女学生参加米德尔塞克斯郡医院的实习，期间男生对其嘲弄，因为他们认为其他学科的专业，如艺术学专业等都是男女分开上课的。加勒特的家人试图

左图：多萝西娅·比莉小姐，最早进行学校改革者之一，是切尔滕纳姆女子学院的女校长，以意志坚强、纪律严明著称。
右图：英国第一位女医生伊丽莎白·加勒特·安德森。以技术精湛、医学知识渊博闻名遐迩。

通过向女生提供2000英镑这种极丰厚的奖学金来说服医学院委员会，但令人遗憾的是，委员会站在男生一边，拒绝加勒特继续其学业。她仅从药剂师学会（Society of Apothecaries）获得了从业执照。在后来的一些岁月中，伦敦和爱丁堡（Edinburgh）的一些大学都拒绝了她提出继续深造的申请。

加勒特感到很幸遇，因为她有家庭的全力支持。弗洛伦斯·南丁格尔1845年希望于索尔兹伯里医院成为一名护士时，其母亲与姊妹却都极力反对。弗洛伦斯写道：她妈妈听到关于外科医生、护士等事情后感到非常恐惧。弗洛伦斯在这种僵持中生活了五年，在其三十岁时，她决定冲破家庭束缚，在其朋友布瑞斯·布里奇斯夫人等坚定不移的支持和帮助下，弗洛伦斯获得了新生。布瑞斯·布里奇斯让弗洛伦斯在弗里埃德纳牧师的研究所当一名访问巡视员。弗洛伦斯早就渴望亲眼见习并学习德国女执事的各种护理方法。

对弗洛伦斯来说，1853年是个大好机会。女教师慈善机构在哈利（Harley）大街设立了女病人救护中心，需聘一名护理长来组织此事。弗洛伦斯以极大的勇气申请述职，尽管“淑女委员会”有些人对此犹豫不决。弗洛伦斯在这些年里风风雨雨的磨练和实践中所取得的经验发挥了重要作用，尤其是英法联军参加的克里米亚战争期间，称职护士奇缺，弗洛伦斯的经验和护理发挥了重要作用，并为英国淑女开启了一道令人尊敬的职业大门。

当然不可否认，大多数英国淑女仍然坚守着一辈子甘当贤妻良母。因为19世纪70年代后才开始实行避

弗洛伦斯·南丁格尔（1820—1910）。英国著名女护士，近代护理制度创始人，红十字会创办人之一。她在描述淑女们的痛苦经历时这样写道：“每天积聚的紧张情绪，实际上与白天的工作毫无联系，可是一到晚上休息时，就使人感到要发疯似的。”

孕，所以英国已婚女子膝下可能子女成群。在19世纪70年代，安妮·贝桑特（Besant）以极大的勇气发表了《哲学之成果：年轻父母必读》，“Fruits of Philosophy，or the Private Com-panion of Young Married People.”向读者介绍了避孕方法和生活现实。

在无节制生育的年代，那年做母亲的妇女，一天到晚要准备无穷无尽的尿布。

不实行避孕有两大弊端：一、在很多混居的大家庭里，使女或家庭女教师极有可能怀孕。二、对家庭主妇来说，她最担心的是，自己已有六、七个子女后，很可能再次怀孕。家里收入来源毕竟比较有限。不仅是钞票不够用，住房也日趋紧张。还要交税，为母亲的健康状况交税。如果生的是男孩还要为其日后找工作烦恼，如生女孩，又要早早为其找婆家费心。亨丽埃塔·玛丽娅，斯坦利·阿尔德夫人等，是较早决定中止妊娠中途流产的妇女之一。她原先已有九个子女，个个健康强壮，丈夫听说妻子再次怀孕之后的第一反应是列举多一个小孩的各种负担。在维多利亚时代，怀孕首先是件令人焦虑不安的事，婴儿死亡率很高，产妇死于产褥热也常常出现。

斯坦利·阿尔德夫人决心趁早中止这次妊娠。就在同一天，其丈夫写了一封信了解情况，她回了一封极度夸张的信：“洗了次热水澡，快步走了很长很长的路，用了大剂量的药物，一下子就成功地解决了麻烦。”其丈夫不放心，第二天又回了一封信，感谢她深明大义，行为果断。信中写道：“如果感觉尚好，

1827年，凯瑟琳·赫里克小姐与侄女、侄子们在一起。他们是亨利·帕默夫妇的六个大孩子。1838年，赫里克小姐与亨利·帕默夫妇的六个小孩子在一起，留影于莱斯特郡的奥克姆附近的维斯科特大厅。

结果肯定会越来越好。”斯坦利·阿尔德夫人回答说：“对日益扩大的家庭成员，我和你一样深感不安。根据我采取行动的效果，我对未来充满信心。”对于何为母亲的最理想境界，人们说法不尽相同。许多母亲，如维多利亚女王和其女儿，对生儿育女的态度都是不一样的。维多利亚女王的女儿维姬（Vicky）嫁给了普鲁士王储，谈起婚后生活，兴奋之情溢于言表。但其母维多利亚却以其亲身经验提醒女儿：“像你母亲我在结婚头两年所经受的苦痛，再加上怀孕期间时刻要小心谨慎，在享受婚姻生活乐趣之际，还要经受各种苦痛。到那时，你就会感到已婚妇女所面临的各种束缚了。”

维多利亚是一位讲究实际的女王，在其第八次妊娠时她接受了新的止痛药物，为全国那些把生产时刻当作罪恶的成千上万个妇女树立了一个榜样。她对尚未当母亲的女儿维姬这样写道："你说能为提供一个永恒的生灵感到由衷喜悦，可是，亲爱的孩子，我倒觉得，在生产临盆那个时刻，我们当母亲的简直就像头母牛或者一只母狗。"维多利亚时代的妇女，一生面临十多次的生育，在讨论生育问题时不像人们想像的那样过于拘谨。比如，卡罗琳·梅茜在39岁高龄嫁给了克莱夫先生，在怀孕后，她同其亲属谈论腹内胎儿的反应。戈登夫人说"像腹内有了胃气"，巴克尔夫人说"像小鸡在筐里乱动"，另一位妇女表示赞同，只是把小鸡换成了兔子。卡罗琳生孩子时，本应去教堂的丈夫，却呆在家里，亲耳听到了妻子在梳妆室里痛不欲生地为他生儿子。

从19世纪20年代起，关于如何喂养子女的出版物如雨后春笋。索绪尔夫人出版了一本《进步教育》（Progressive Education），该书受到女作家盖斯凯尔夫人的高度评价，说是该方面的最佳出版物。嗣后又有塞缪尔·斯米利的（Samuel Smile）《科学物理教育》，为幼儿每个阶段的成长提供了有益的信息和资料，妇产医生查维赛和和汤姆斯·布尔写的两本书流传范围更广：《给母亲的建议》（1839），《婴幼儿的哺育》（1840）。除专著之外，还有各种杂志，如《母亲杂志》、《家庭杂志》、《父母助手》等。此外，杰贝兹·波恩的《良母》（1846）激励着维多利亚时代的母亲，模仿荷马史诗中大英雄阿客琉斯的母亲，仿照诗人拜伦夫人和美国总统乔治·华盛顿的母亲。在维多利亚时代，母亲与子女之间的关系不像有些书上讲的那样隔膜疏远，实际上，大部分都相信母亲可以对成长中的孩子产生积极的影响，可以教育子女阅读、计算等基本技能，当然，在一个有七、八个孩子的家庭里，能做到这一点极不容易，维多利亚女王和埃尔伯特亲王在这方面的积极倡导功不可没，起了很好的推动作用。

全家人一起就餐也是维多利亚时代家庭的一个亮点。查维赛医生引用克雷克的话说：我真希望就餐时孩子们都在我周围。这是男孩子成为绅士，女孩子成为淑女的好机会，没有什么可以与之比拟。还有些家庭孩子经常

茶桌。选自比廷夫人写的《家室管理》一书中的插图。维多利亚女王统治后期，下午茶已成为其他主餐之间的重要补充，女士们在这些茶点期间需要更换服装。

陪同母亲拜亲访友，再就是大家一起待在室内读书学习，同样会产生积极影响。而此时保姆的影响却被认为是有害的。典型的证据是，夫人满面春风地推着婴儿车逛公园，如果家里雇有保姆，她也只是跟在车子后边。

婴儿车是在19世纪50年代引介进来的。当时被认为是最有影响的护儿工具。到1856年，已有五家婴儿车制造厂。维多利亚女王非常喜欢这种婴儿车，她本人就从厂商查尔斯·伯顿（Charles Burton）那儿购买了三辆。到1870年，英国已有30家婴儿车制造厂。

在这种情况下，淑女们已无机会在商业、学业等方面取得什么成就，她们只是在家政方面努力进取，希望把家建成节俭的殿堂、独创发明的源泉、温馨的港湾。维多利亚女王从1841到1857年间，共有9个子女，家庭人口众多是家庭体面的象征。因为人口多，保姆需要也多，开支也相应较多，同时还要安放巨大的饭桌，所以许多出版物都对此颇感兴趣，乐于向人们提供各种建议。

比如，1824年有一本《实用家政经济新系统》出版，后来该本被改编为《名家必读》。该书旨在表明：优良的传统型英国家政依然是一种美德，女士们不应追求花哨的法国饭菜，应该把优雅和节俭结合起来。1829年威廉·肯奇奈（Dr. William Kitchiner）发表了《厨师箴言》《男主箴言》等的补充版本，规劝主妇们致力于家政工作，同时还要谨防那些不老实的佣人和商人强卖给主妇一些无用之物。几十年里，各种为新婚主妇提

1872年的箭术比赛现场。从1870年到1900年，射箭再次受到人们的欢迎，被认为是女士展示魅力的舞台，为此，女士们组织了箭术学会、举行箭术早餐会等活动。

供家政指南的书不断出版，其中有介绍烹饪读物，如何防止毒虫等等。

对住在郊区或乡村的主妇们，简·伦敦夫人1845年出版了《女士在乡村的伴侣》、《如何理智享受乡村生活》等书中详细介绍了如何喂养家禽、如何腌制肉食品和建造肉食品储藏室等。可以想象到，突然带着朋友到家里来，若无几个象样菜肴摆上餐桌会出现什么窘况！当时，肉贩每周才下乡一趟，最多两趟。所以主妇们都争相阅读有关家政的出版物，希望从中吸取有用信息和烹饪方法。

家住城市里的主妇，因为有了伊莎贝拉于1861年出版的《家政管理》一书，甚感快慰。《家政管理》出版后立即风靡全国，到19世纪80年代仍然畅销不衰。只可惜作者在书出版四年后便精神耗散溘然去逝。她的书为主妇们提供了各种指南，尤其对家庭人口众多者更是不可多得的好书，比如教她们如何安排住房，孩子和保姆白天、黑夜分别待在何处。父母住在中间一层，佣人住在地下室等已成为人们遵循的准则。

许多人的房舍位于城市中心。在1848年，《早晨先驱报》已注意到人们争相在大城市郊区建造或购买“合适住房，理想别墅、贵族庄园”等狂热现象。希望住到郊区主要基于健康考虑。分别爆发于1832，1849和1854的霍乱仍使人们心有余悸。人们错误地认为，致病原因是“瘴气”或者空气中的细菌。下水道系统不健全，通风条件差以及居住密度过高才是人们致病的真正罪魁祸首。郊区无瘴气污染，也没有工业烟囱排放有毒气体的毒害。尽管到19世纪60年代，建有城内公园等设施，争着往乡下迁移的运动依然没有减弱。

在《家政管理》一书中，比顿用简明的术语阐述了各种不同大家庭中佣人的工资类别，富有的大家庭可以雇用全日制佣人20多个，厨师、上房侍女或下房女佣，男佣等可付给年薪1000英镑。然后是做各种杂事的女佣人，做粗活的佣人等付年薪200英镑。这样可为家庭节省不少开支，如果家里较大的孩子比较听话，会照顾弟妹，情况就会更好。比顿特别提醒家庭主妇：如果饭菜做得低劣，那就会引起丈夫不满。在丈夫住的旅店或光顾的俱乐部，饭菜可口，服务周到，花花世界有着强大的吸引力，女主人如不努力学习烹饪，做出上档次的美味佳肴，后果确实不堪设想。

1865年，布瓦洛家人与仆人于凯特灵哈姆郊游，背景是哥特式大厅。室外、室内佣人、上等仆人、家里人都有自己的位置，可是为什么唯独没有女教师的位置呢？

比顿本人婚后也是位烹饪能手。她不仅把自己烹调经验写进了文章，还从不同人那里吸取了很多有用素材，这些文章都发表在她丈夫办的杂志里。

在时代不断向前推进过程中，维多利亚时代上等阶层家中越来越倾向起用女士，男佣人被认为缺乏屈从谦逊品质，缺少那种虽然造作但却讨人喜欢的恭谦风度，女佣因此而颇能讨得主人家上下的喜欢。此外，有经验的女仆，还能为女主人弥补家政学识方面的不足，甚至成为女主人的贴心女友。一位职业作家哈里特·马丁诺独身一人雇用了几个女佣人，她在文章中对其女仆表达了亲切的同情。在一位女仆结婚时，这位女作家亲自为其做结婚蛋糕，并为其主持了婚礼宴。对女主人和女仆之间的亲密关系，哈里特有如下描绘："年纪越大，我越感到婚姻生活中那些罪恶和不利因素，越不可治愈。"她写上述内容年近五十，并声称自己是"全英国之内最为幸福的单身女人。"人们估计，她的几位女仆为她提供了不少有用的建议，使她写成了颇为畅销的服务手册：《女仆实用手册》。

表明女主人与女仆亲密关系的另一个有名范例是伊丽莎白·贝里特与其女仆威尔逊之间的友谊。非常具有戏剧性的，威尔逊帮助诗人罗伯特·布朗宁在贝里特父母毫无察觉的情况下攀爬到位于楼房顶层的贝里特闺房。当这对新人决心私奔到意大利居住时，伊丽莎白考虑到经济紧张，打算辞掉威尔逊，罗伯特觉得这样做十分不妥。他说道，"没有威尔逊，你我就没有机会见面，就不会在这里说话，我简直，确切点说，肯定就会因此而患了相思病。”布朗宁宁愿大家啃面包喝凉水，乘坐商船去意大利，也不愿意把威尔逊一人抛下不管。威尔逊在安排大家逃离英国过程中发挥了重要作用，并如鱼得水般适应了意大利的生活。威尔逊很快学会了意大利语，也比较喜欢意大利风味食品，经过一段时间的恋爱，成了布朗宁夫妇后来雇用的男仆弗迪南多(Ferdinando)的妻子，生活幸福美满。

英国贵妇们这阶段开始做一些游戏、培养一些嗜好来打发漫长的空闲时间。射箭艺术受到人们的普遍喜欢，且长盛不衰，毽球、羽毛球等在槌球游戏、高尔夫球于19世纪60年代问世之前就已开始流行了。垂钓也偶尔成为女士们的娱乐项目之一。不过，园艺后来居上，比上述任何项目都更受人们的欢迎和喜爱。伦敦夫人于是年出版了一本《女士园艺指南》，因此自然而然地，她经常与安妮通信，鼓励那些新婚女士出来做些户外活动。在1829年，肯切奈尔博士（Dr.Kitchiner）还十分肯定地宣称：“英国的淑女们的园艺活动极少超出温室范围。”1845年，极喜欢园艺的伦敦

从19世纪30年代到40年代，园艺成为女士们普遍欢迎的娱乐活动。花展、园艺杂志、园艺师等都积极鼓励那些还在犹豫的生手。女士们栽培，男士们则去推割草机锄草，其乐融融。

嫁给了园艺普及鼓动家J·C·伦敦，鼓励安妮“深挖”。这是一项对健康十分有益的项目，女用铲子，装上精巧的柳木柄会使园艺工作既轻松又舒服。安妮挖什么呢？不是去挖菜园子，那是丈夫和厨师做的事。公园里的活，也不是主人管的范围。晨间起居室外的花坛、平台、花圃才是女人精心侍弄的地方。伦敦建议安妮在这些地方种植一些修剪整齐的花卉，花坛看上去就像一块漂亮的土耳其地毯。安妮选择的花色品种，应遵循自己挑选衣着花色品种的原则。至于是主妇还是园艺工匠种植紫色颊牵牛花还是三色紫罗兰，书中没有明确说明。伦敦说，尽管她建议安妮用柳树柄小铲挖地，但她觉得用手铲更实用。上述的一切都是当时社会淑女室外活动的缩影。让安妮在其玫瑰花和三叶草形状的花坛中铺出一条鹅卵石小道，是怕她在雨天弄湿了脚，“尽管谁也不会介意走在草地上，如果是一个园艺人的话。”

内森·科尔（Nathan Cole）对金斯顿花园（Kensington Gardens）有其独到的见解。于1877年出版的《皇家公园与伦敦园艺》一书中，他用一些章节描绘了其独出匠心的几何学花床设计。周围建有砂砾通道，中间穿插建有喷泉、雕像，这种花园成了维多利亚时代花园的范式。现在人们觉得红色、黄色扎眼，可是当时却认为是很有创意的。在18世纪，花朵只不过是乡村花园的一小块地方，未占据着什么位置。而最能体现庄园大师风范的造园艺术却一直占着重要地位。主妇花园艺术是一种家政品味的象征。这在维多利亚时代最具特点。灌木丛是

在集市上。1861年，《科思赫尔杂志》指出：遇到重要的社交活动，一枝含苞待放的玫瑰价值一英镑，而几杯茶却依然只值半英镑。

一种过渡，是从具有高度文化内含的花园向具有天然性质的公园中树林的过渡，这也成了主妇们的领域。她们首先种植矮小灌木，然后种植南欧产常绿灌木，棉毛荚莱，后来种植的灌木越来越高大，直至与公园的墙头一样高。维多利亚时代的女士们在50—60年代尚未具有哲基尔及其他人在60年后所体现的那种自信心。不过，19世纪20年仅在梳妆室里放置点花朵，生怕生害气体，侵入身体。特别是白色百合花，如果室内放置两盆以上此种花，而门窗紧闭的话，就肯定全导致人中风滞息。

布廷于19世纪30年代发明的草坪割草机，使得家庭拥有大面积草坪和各种花园变得易于管理了。此前，除草工作主要依靠镰刀和羊群。培育蕨类植物的玻璃容器沃德箱也于30年代发明出来了。在烟雾缭绕的城镇里，这种玻璃容器特别有用，可种植大量室内花卉和石生植物，而无需用水浇，也无需费神管理。室内花园很快在郊区别墅和维多利亚时代市区较小的居室内风行起来。花盆式样不一，可大可小，可方可圆，对此，还有专门的出版书籍可资参考。引进大规模的温室或暖房，以种植娇嫩的花卉，这都刺激了女士们对园艺活动的兴趣。温室早在16世纪就以火炉供暖的方式存在着。而现代化的温室，或玻璃暖房则始于19世纪20年代。开始使用玻璃透光取暖，后来再经改进使用金属建造和玻璃建造。1820年于锡昂处，1844年于吉芜处建造的令人眼光缭乱的玻璃宫，争相被一些家室学习仿效，只是结构稍为简单一些而已。

除了从事园艺活动外，种植植物的实践也变得时髦起来。学校里早已开设植物学理论这门课程，女学生已经习惯了描临摹植物或画某些部位。每个图书馆都可看到模压花的展出，以及在外采集的鸡蛋和昆虫标本。不过，系统研究公园里自然生长的植物群与此有很大的不同。离开家禽饲养场，离开近郊往远处走走对安妮是有好处的，伦敦夫人在书中肯定地说。让她到野外公园采集野生植物，带回家去在丈夫的帮助下进行仔细辨别。伦敦夫人写道：听那些我们爱的人口头传授知识是令人愉快的事，从未想到安妮的丈夫在植物学方面知识不够精通。她提出一个附带条件：让安妮的仆女跟随照顾，让仆女带一个轻便折凳，以便女主人在较偏远的灌木林中走累时坐下休息。

从19世纪60年代开始，令英国淑女激动不已的娱乐活动是野外猎狐。正如我们已经讲到的，在过去的几个世纪里，这种活动一段时期风行全国，一段时期又成为明日黄花。索尔兹伯里于18世纪末叶自己喂养了一群猎狗，直到她于1812年去逝。查尔斯·詹姆士·福克斯在1800年与那些勇于室外活动的伯爵夫人们在英国乡下到处狩猎。夫人们参与此类运动的热情后来降温了。狩猎的速度在乡下越来越快，而那些大型灌木丛篱笆很可能挂破女士们雍肿的骑士服装，甚至擦破她们娇嫩的面庞，若出现这些情况，就会破坏她们的雅兴。女士们从1750年到1850年这100年间，在参与猎狐的“黄金时代”，也主要是在营地负责照顾、看管。当然，心情来潮，碰碰运气或想试验一下，她们也不时骑马驰骋一番。

不过到了19世纪50年代中后期，高大而自然生长的树篱笆已全部砍掉，跳跃叉型支架使得上马比原来安全了许多，女士们骑马去野外狩猎人数又大增起来。我们经常讲到有些著名女士在19世纪50年代外出狩猎的故事，托马斯·威尔金森夫人外出到赫斯沃斯狩猎场猎狐。她每次回来，都因经常从马上掉下而弄得骑装上沾满污泥。其他贵夫人及其女儿们也冒险小心谨慎地出外猎狐，不过她们都是由男宾们指导着在那些较容易过的树篱区域内行动。从玛丽亚，即亚尔波罗夫人，1859年在林肯郡北部进行狩猎期间，风向开始急转。玛丽亚是爱尔兰贵族埃利斯顿勋爵之女，婚前经常出去狩猎。她忽略了一个事实：亚尔波罗家族里的人已好多几年不外出狩猎。她从邻居处借来坐骑，后来从同一位年轻女士处借来偏座跳跃叉型支架。这位公爵夫人的兴趣和勇敢行为激励了许多其他女士，很快，布罗克莱斯比又充满了狩猎的众多娇娥。地位稍低的女士也都向往着狩猎场。其中最为有名的应数斯基特莱斯，即凯瑟琳·沃尔特斯，她在伦敦与其情人同坐在罗顿游览车（Rotten Row）逛街。她于19世纪60年代在斯坦福德勋爵的指点下，同奎尔恩一起狩猎。她那华丽无比的骑装，极为精致的图片，都是其他女士争相效仿的榜样。卡迪良伯爵夫人（The Countess of Cardigan）开始像撞柱游戏中的骑手。一顶豹皮小帽歪戴在那头金色卷发之上，她坐在马车里扬鞭飞马来到营地，形成一种独特的风景。

在乡下农村及城市郊区，女士们可把城里的娱乐同乡间的娱乐项目有机地结合起来。晚宴晚会成为极为受众人喜爱的娱乐项目。《社交礼仪指南》（Enquire Within Upon Everything）销售了146,000份，到1860年已是第14次印刷。该书向人们提供了诸如宴会、舞台、打牌等娱乐的意见。比如应邀出席晚会的“巴黎邀请卡”，通常指嘉宾应邀出席那一季节的主要活动，“乘车活动”指根本不用以步当车，只需在车内观赏，正好适应于老年人或身体较弱者，在绿树成荫的街道上漫步，为那些精力充沛的夫人提供了新鲜空气。

如果夫人们喜欢其他职业，有很多慈善工作可供选择。不以金钱形式分配救济品被认为是最重要的一条，因为这会吓退那些想寻找该项工作的穷人。只有处于病中，才能享受微小的一点财政补助。塞缪尔·斯迈利斯（Samuel Smiles）在1859写道，“自助”是维多利亚慈善家向世人奉献的最重要内容。

农村学校是帮助当地女士的重要项目。教女士们缝纫、做衣服，甚至教她们如何在厨房准备饭菜的教师可获得一定的报酬。令许多节俭的夫人颇感困扰的是，那些低阶层的妇女并未保留煮肉的肉汁，也未能将其存储起来。老师不仅教农村姑娘学本事，还帮助做其他善事。弗洛伦斯·南丁格尔是其中的优秀代表。她在1843年热

集市鸟瞰。组织集市和舞会是一项令人愉快的公益工作。《科思赫尔杂志》指出："因为这些活动给人们带来的好处远远超过弊端，即使出现一些轻薄举动也无大碍"。

病流行期间，在利赫斯特（Lea Hurst）医院帮助护理病人，并在当地由她创办的成人学校里讲课。

农村淑女们的高尚理想是帮助穷人改善生活条件。在城市里，不够高尚的东西时常可见，需要援助者是不能仅用一两句"谢谢，夫人"和行几个屈膝礼就可掩盖的，也不是穿过芳香的牧场回到庄园里就可置诸脑后的。安吉拉·布尔黛特·库兹

(Angela Burdett Coutts) 在看到一位颓废妇女蜷曲在她的家门口，就联想到那些处境凄惨的女人，便主动帮助作家狄更斯于1846年建立了无家妇女收容站。在城市里，人们已不相信传统价值观念，原来的人际关系已不复存在。债权人所设的监狱离时髦住宅近在咫尺，贫民窟已不再是具有独特风格的曲木房舍，而且肮脏恶臭的廉价房，与位于其对面漂亮时髦的皮克德勒(Piccadilly)形成鲜明的对照。然而，却没有几个贵妇人试图走出其温暖舒适的高宅大院去贫民窟亲自体验一番其中的苦难。对于那些人，为得到一点社会良心的慰藉，她们有时到教堂做礼拜，有时去慈善机构和妇女委员会进行一些募捐活动，帮助清扫烟囱的男童，或去礼拜日学校做一些慈善工作。贵妇们也掏腰包助人，但没有一位像布尔黛特·库兹男爵夫人 (Baroness Burdett · Coutts) 那样慷慨解囊，她一生中捐助了100多万英镑用于慈善事业。当时的100万英镑价值现代100万不知多少倍啊。

在19世纪60和70年代期间，由于人们学习情绪高涨，讲座大厅常常比音乐会大厅更受人青睐。许多讲座人关心的是社会问题，如人口问题，居住过于拥挤、工厂工作条件恶劣等。妇女们受到演讲人的激励和影响，也纷纷成立各种组织和协会。尽管各种协会、学会、工会等如雨后春笋般建立起来，但却很少出现一个占绝对主导地位的组织。维多利亚时代淑女的从属作用，完全依赖男人的情况已经基本消失。安吉拉·布尔黛特·库兹认为聘请大作家查尔斯·狄更斯和惠灵顿公爵（The Duke of Wellington）作为其组织的顾问会提供一些便利，不过，说句实话，她却很少听从他们的建议。在乔治·查普曼（George Chapman）任名义主编期间，乔治·埃利奥特（George Eliot）是《威斯特敏斯特评论》实际主编，而且一直默默无闻于到最后。当时的淑女还没有像某些男士们想象的那样，奢望成为公众名星。就连女中豪杰弗洛伦斯·南丁格尔，所有人都赞美她，推举她为克里米亚战争期间的巾帼英雄，但她却对此未有任何欲望，有意避而远之，从众人目光消失；过起安闲恬静的生活。有人说，在战争结束的几年后，她便溘然去逝了。

家庭也不希望淑女们与男人平分秋色，到后来，这时期的淑女们依然受到男子至上观念的制约。19世纪70年代，淑女们认为更理智的做法依然是多关心一些仆女的“跟从者”，是否考虑把刺猬放进家里来以根除蟑螂所带来的祸害，而不是去想那些更抽象更遥远的政治问题。她也尽力不把女仆的追随者和蟑螂等消息透露给丈夫。

温德哈姆姊妹们。这幅油画于1900年在皇家艺术学院展出时，威尔士亲王授之予 “美惠三女神”称号。

第五章

古怪的女人

朵乐茜·奈维尔夫人（Lady Dorothy Nevill）在1910年那本名为《五朝之治》（Under Five Reigns）回顾昔日的贵族生活时写道：旧观念中的社会价值观在上世纪八十年代已基本结束。她这一结论是具有专业性的。

我们又如何将此与沃里克夫人（Lady Warwick）关于19世纪90年代的乡村生活记实协调起来呢？上流社会之间的彼此款待无疑是种艺术。这些活动的魅力是使我们无忧无虑地处于一种豪华优雅的环境中，无需考虑什么花费。在一个优美的氛围中，男男女女安闲地休息，而有关国家的头等大事都由上下两院中的自由党和保守党去讨论解决。简而言之，朵乐茜·奈维尔夫人是维多利亚时代的人。虽然是个坚定的保皇派，与她来往甚多的座上宾是格拉德斯通（Gladstone），19世纪以提倡恢复伦理、宗教信仰为目标的奋兴会成员。她对与进化论创始人查尔斯·达尔文（Charles Darwin）经常保持通信联系引以为荣。她甚至提出要亲自去达尔文位于肯特郡（Kentish retreat）的静养处拜访这位伟大的博物学家。只是因达尔文夫人的婉言谢绝而最终未能成行。

令人遗憾的是，达尔文夫人误把朵乐茜·奈维尔夫人看作是伦敦上流社会中那些奢华享受中的一员。那些人从19世纪80年代起，就开始跟随威尔士亲王，继而在爱德华七世登基后即成为大大小小的爱德华时代的社交名流。这些人中有戴茜、沃里克伯爵夫人（Daisy，countess of Warwick）。实际上，朵乐茜·奈维尔夫人是倡导奉献、俭朴的维多利亚女王的坚定支持者。维多利亚女王在其丈夫于1861年去世后，即开始长期的寡居生活，后来隐居在温莎宫，女王曾用过的绉绸，彩色饰带，其丈夫的大衣都铺在她的床上，都充分体现她对丈夫和昔日生活的怀念，同时也表达了她对纵情享受者的不快心绪。

为尤尼特斯公司卫生用品所作的广告。19世纪80—90年代的木制冲水马桶逐渐被外观优美的陶瓷艺术品所取代。

这种哀伤情绪笼罩着每一位去温莎宫的客人。曾参加过温莎宫晚宴的朝臣写道："在只能轻声说话的晚宴上，"维多利亚女王保持着埃尔伯特亲王在世时的一切布置。她拒绝安装中央供暖，拒绝使用浴室、煤气灯，电等。这些设备是在19世纪70年代以后才陆续发明出来的，如果埃尔伯特在世的话，他是会喜欢的。在维多利亚统治后期，现代管道工业之父乔治·詹宁斯确实获得了几项合同，在白金汉宫、温莎宫等地装冲水厕所。1869年在西—北铁路线上的女王列车车厢上装上天兰色并镶有金边的冲水厕所确实十分美观。这些都已成了必需品，对怀旧情绪的抱怨不时困扰着女王。为怀旧而怀旧，不作任何变革。威尔士亲王把白金汉宫称作“幽灵宫”，在他于1901年登基继位后的几个星期里，白金汉宫就通了电，灯火通明锃亮，装了浴室，电话交换台等现代设施。其父王的套间曾长期保留未动，现在也装修一新。现在的白金汉宫开始呈现出马尔伯勒大厦（Marlborough House）那种富丽堂皇的新面貌，他原来在伦敦居室桑德哈姆（Sandringham）的居室，在诺福克（Norfolk）购置用于狩猎的乡间房舍都被改造成了巨大的宫邸。管道改造在爱德华七世继位后在其日程中排在优先考虑之列。在（1871年因下水道故障）逃过一劫之后，他对健康与卫生这些项目极为入迷，他曾明确表示：“如果我不是因为当亲王，我一定去当一个管道工。”他的这些态度和行动推动了较少保守思想的贵族争相效仿，改进影响健康、卫生等方面设施。原来早已习用的木制卫生用具到19世纪80—90年代都已换上了陶瓷用具。洗脸盆饰以桔红色的花朵和绿色藤蔓，或者饰以海豚、狮子等动物造型。在公共活动场所，妇女卫生用品公司80年代开始在大街上安装卫生设备，虽然安装在地下室等处，但地面上都有明确优雅的标志，方便人们辨认。温莎宫虽然稍微落后，但在爱德华继位后不久就全部改用了现代设备。

初进社交界的淑女，穿着宫廷礼服，头发上别着三根驼鸟毛，戴着面纱，拖着裙裾，等待着觐见女王。

维多利亚女王用她的客厅接见那些首次进入社交界的青年女子。接见大都是在下午早些时候进行，不提供点心，尽管坐车等待于外边林荫道的母女，在惊讶的旁观者面前要等待数个小时。爱德华国王在晚上接见首次进入社交界的青年女子。不过，1910年青年女子的人员组成与1870年已不可同日而语。昔日主要是由贵族、士绅、军官、社会上层等人的女儿们组成的，而现在则加入了商人、银行家、证券交易所成员及大量从商人员的女儿。昔日男女授受不亲的观念也在改变。三位美国贵妇人，詹妮·杰罗姆(Jennie Jerome)，莉莲·哈姆斯莉（Mrs. Lilian Hammersley)和康姆雪勒·范德比尔特(Comsuelo Vanderbilt)，分别于1874、1888、1895年嫁给了马尔伯勒公爵家庭（Marlborough)。作为伦道夫·邱吉尔夫人（Lady Randolph Churchill)，和马尔伯勒

1897年出席德文郡公爵夫人化装舞会的客人。

公爵家族第八、第九位公爵夫人，她们在皇宫应占有自己的一席之地。其他靠“美元起家的青年女子”也跟着觐见女王，尽管这些人明显缺乏他人所拥有的英国贵族血统。当然也有一些不敬之徒，美国杰罗姆（Jerome）姊妹中最小的利昂妮（Leonie），首次访问英国。在海德公园散步之际，威廉·格顿·卡明爵士（William Gordon-Cumming）凑上来怀着恶意地说：“到这里来找丈夫的吧？”不过，到1900年，《哈姆斯杂志》（Harmsworth Magazine）哀叹道：“即使从商者也不是不予考虑的。”

比阿特丽斯·波特尔（Beatrice Potter），即悉尼·韦伯（Sidney Webb）夫人，是从商的士绅之女。她首次觐见女王是在1876年。此前她未有任何经验，她被允许把头发盘在头上（因为这是成熟的标志），去参加1874年波特尔家举行的大型舞会。她写道：“啊，那场舞会真是太棒了！我真是太喜欢了！每场舞我都有二、三个舞伴。不过她对这次表现迅即作了自我批评。”“啊，虚荣，真正虚荣，有这种无法自抑的激情，真是非常不应该。”比阿特丽斯的姐姐蒂瑞萨（Theresa）对舞会等社交活动倒不是那么热情奔放。她不太喜欢公众慈善社交舞会，“自助”舞会的气氛“简直糟糕透了，舞池里拥挤不堪。”她更喜欢与新结识的人一起谈天说地。

那些“殷实富有”但又不时髦人家的女眷们，比“头面人物家庭”或贵族家庭的畏畏缩缩的女眷们更能接受伦敦社交活动季节的各种活动。波特尔家的几位千金小姐，坐着罗顿游览车，参加各种公共活动，如音乐会、戏院等。即使这些要求不高的

活动，贵族家的18岁姑娘们也是无法做到的，因为她们长期在乡下学校过着严格的学校生活。对城市里的文化、娱乐活动所知甚少，也无专人指导。卡罗琳·利特尔顿（Lyttleton）首次参加位于德文郡大厦（Devonshire House）举行的舞会，“以最高期望去参加”，……后来发现自己……被拽进了从未见到过的夸德里尔舞中，结果她遭到了挖苦和奚落，发誓再也不参加舞会了。其他女孩子则尽其所能，以博取男宾的眼球。阿德拉夫人（Lady Adela · Child · Villiers）同一个无赖的轻骑兵私奔到格莱特纳格林村（Gretna Green）去了。

吉尼斯夫人及其孩子。

根据国外来访者反映，英国该时期上层女士多具有“矜持”特点，相反，美国女士则显出“独立性”，英国中等阶层的女性则显得“热心”。这种“矜持”部分可能是出于羞涩。贵族家的小姐不去大型寄宿学校读书，如切尔滕纳姆女子学院（Ladies College）。她们或由请来的家庭女教师授课，或由自己的母亲教育，偶尔也由牧师上课。她们生活在世俗世界之外，一点世俗生活的观念和知识都没有，因此闹出了不少笑话。当卡莱尔伯爵(Earl of Carlisle)之女玛丽·霍华德夫人(Lady Howard)在其女教师陪同下乘车去法国南部，一位男乘客的卧铺被安排在她们卧铺车厢里。抵达后，玛丽与女教师痛哭流涕，确信因卧铺车厢有男乘客，她们就要生孩子了。英国火车因没有走道也引起了不少疑虑。1874年，一个古怪的约克郡男爵(Yorkshire baronet)塔顿西科斯(Tatton Sykes)与波特兰公爵(the Duke of Portand)的孙女杰西卡·卡文迪什·本廷克(Jessica Cavendish·Bentinck)小姐从约克郡(York)赶往克洛斯处期间(King's Cross)，乘坐在同一车厢，到底是故意安排还是出于偶然至今无法定论。但不管是哪种情况，此事一出女方家就紧张起来。杰西卡(Jessica)母亲在伦敦车站迎接女儿时认为已发生了最糟糕的事情，立即宣布他们两人定婚，就是在同一年，第10骑兵团的瓦兰廷·贝克(Valentione Baker)上校就是因为骚扰同车旅行的一位女士而被开除出骑兵团，罚款500英镑并被判刑一年。火车无走道是造成该事件的直接原因。

到19世纪90年代，威尔士亲王的社交圈人员组成扩大了：除美国女士之外，还有演艺界美女如李莉·兰奇(Lillie Langtry)。因大规模机器生产而暴富的商界人士，成功的广告商、销售诸肥皂、茶叶、啤酒、烟草等发家的商品零售商，都成了亲王的座上客。各行各业快速发家致富的百万富翁的老婆、女儿都可觐见国王，向其行屈膝礼。他们似乎都在一夜之间，从无名小辈一下子进入了上流社会，像旋风般出席各种宴会、舞会、花园晚会、观看戏剧、听歌剧，忙得不亦乐乎。查尔斯·坦纳特爵士（Sir Charles Tennant）及其祖先在格拉斯哥（Glasgow）发了大财。虽然其夫人几经动员，仍对参与伦敦上流社会一些社交活动无多大兴趣，但其几个女儿，像劳拉（Laura），查蒂（Charty），玛戈特（Margot）和露西（Lucy）却令伦敦为之震撼不已。劳拉（Laura）嫁给了利特尔顿（Lord Lyttleton）勋爵，查蒂（Charty）嫁给了瑞布莱斯黛尔（Ribblesdale）勋爵，玛戈特（Margot）几经犹豫之后嫁给了首相艾斯奎森（H.H. Asquish），威尔士亲王则是女孩子们父亲在英格兰官邸的嘉宾常客。在该处，爵士查尔斯（Charles）藏有大量绘画等艺术收藏品。

奢华是这些交际圈内人行为的主基调。爱德华国王走到哪里，哪里就掀起奢华的高潮。如果他乘坐托马斯·利普顿爵士（Sir Thomas Lipton's）游艇艾琳（Erin）巡游，这位船主人的其他不那么出名的客人马上走红，很快进入交际圈内。俄国沙皇对同他一起于桑德林哈姆（Samdringham）在亲王家里做客的人感到迷惑：他们大都是贩马匹的生意人，其中有一个是赫斯切男爵（Baron Hirsch）。在这些人中，豪华、奢侈是主基调，金融、财政是谈话的主要内容。

阿尔杰家·威斯特爵士（Sir Algernon West）哀叹说："每个人嘴里都在谈论着股票和股份"，而"每个人"

英国斗富竞赛会:《蜘蛛与苍蝇》。这是金融投机所带来的恶果，奸商骗取单纯寡妇、牧师等人的信任，设下圈套，诱其进行极具风险的投资。

又都包括女士。金融投资曾被认为不受人尊敬、摆不到桌面上的东西，一般都不在公众场合谈论金钱。更不用说在女士面前谈论这些问题了。现在情况变了，不仅仅如此，女士也参与进来，而且在晚宴上请她们的金融界朋友，如欧内斯特·卡塞尔爵士（Sir Ernest Cassel）给推荐好“品种”。她们也被对世界商务极感兴趣的威尔士亲王所鼓励。“在这个巨大的实业社会里”，艾斯奎斯（Asquith）写道，“没有更好的实业家了。”

许多淑女，比如乡绅阶层女士——受到了暴发户金融家和实业家提供的奢华生活的强烈吸引。他们的钱包永远是鼓鼓的，

英国斗富竞赛会系列之三：精美的银质托盘刚摆到桌上，就送来了晨报。报纸说大家进行的投资彻底失败，牧师及其他人的钱损失殆尽。

他们时刻准备为女士慷慨解囊。1897年，亚历克德拉(Alexandra)，威尔士王妃决定庆祝女王的五十周年钻石婚。伦敦400,000贫民百姓将被应邀出席一巨型欢宴。她呼吁大家捐款资助，可是却没有得到什么响应。托马斯·利普顿(Thomas Lipton)因此个人支付了全部费用，共用700吨食品，雇用10,000名服务员。他因此于第二年被封为骑士爵位。皇室成员乘坐豪华游艇出游，豪华车队外出，到苏格兰进行狩猎活动，举行家庭宴会等等都极其豪华奢侈，极尽铺张之能事。

不过到自1870年以后，许多乡绅贵族都处于金融困难之中。70年代末土地欠收，再加上由于推行自由贸易政策，大量廉价美国粮食出口到了英国，使得靠农产品收入的英国家庭收入急剧减少。英国财富所依赖的传统支柱产业农产品的黄金岁月一去不复返。到1910年，英国工业产品的收入是其农产品的三倍。从1894年，乡绅贵族又遇到了一个令人胆战心惊的新情况：威廉·哈考特爵士（Sir William Harcourt）在其“激进的预算”推行了遗产税。他声称，这些家庭一代只遭受一次损失，可是后来因为布尔战争战死沙场的人数大增，结果与原来所讲的相去甚远。出售房地产者已司空见惯。乡绅人名册上，原来所列家庭数字到1914年，数量急剧下降35%。

原来的上等阶层家庭变得越来越穷已不是什么新鲜事。他们这些贵族不能正视现实，不时惊奇发现美国人或贪婪的财阀把他们的财富掳掠一空。后来他们便又恢复了昔日那种麻木的立场，在琢磨为何一下子变得如此贫困。他们只能从蔑视或嘲笑新富、新贵们，蔑视自己无力享受的豪华生活聊以自慰。乡绅们的豪宅大院，夏天燥热难耐，冬天寒气袭人，因无资安装降温和供暖设备，只能增加些遮阳设施以防酷热，冬天只以表现出不怕寒冷，硬撑着，虽然冻得脸色发紫，但也要表现得若无其事。

那个时代是各行各业都突显技术进步的时代，在公共设施中，卫生通风设备是人们谈论得最为经常的话题。在从19世纪70年代中期开始，煤气中央供暖、电灯、高级管道，电烤炉等已进入不少家庭。可是上等阶层的家庭行动迟缓，往往落后于不那么富有的中等阶层的家庭。结果是，上等阶层家庭雇用大

设菲尔德一位工程师的三个女儿：弗洛伦斯、玛贝尔和克拉拉。

量仆人以重温昔日辉煌，而跟上进步的中等阶层家庭则用机器安享快乐。你说谁在恣意挥霍浪费？

在19世纪70年代许多富有家庭晚上点的是蜡烛，有专人负责，熄灯时用陶瓷或金属蜡烛熄灭器。气灯因为烟大，容易熏黑绘画和窗帘盒，而且还发出嗞嗞声，所以乡绅对其持有偏见，不让其进入家门主要是中等阶层人家使用。对电的态度则不一样。在19世纪80年代电还处于试用阶段时，索尔兹伯里侯爵（The Marquess of Salisbury）就很感兴趣。不幸的是，他却没意识到触电危险这一问题。有一次在海特费尔德大厦（Hatfield House）出席晚宴时，电线突然短路，整个大厅一片漆黑。线路故障引起大厅（Grand Saloon）燃起火来。通过向天花板投掷坐垫、靠垫，才避免一些精美的建筑惨遭大火吞噬。

侯爵在其深宅大院里独自一人对家用新技术表现出热情，其他人则显得颇为冷漠。在贝尔瓦城堡（Belvoir Castle）地面以上部分建筑物内，没有热水供应。"挑水人"每天四次，往卧室内送水。坐浴浴盆所用的水是靠烧水加热的，擦浴盆的仆人，烧煤的仆人，每天都为此忙碌不停。不过，在20世纪以前，浴室在上等阶层的家里还没有普及开来，这也不足为怪，因为锌制浴缸虽说打开旋转把手，热水就会从看似冰冷的石墙里流出来，但刚出来锈色斑斑的水，再加上一些甲虫，看见这些东西确实会令洗浴者望而却步。

对乡绅的深宅大院，希波品忒·泰纳（Hippolyte Taine）在其《英国杞论》一书里有如下描写："他们的住宅犹如巨型机

1912年12月在沃特尔普利奥瑞进行的狩猎野鸡活动。爱德华七世是夏季狩猎队长，经常品尝放在他床边的野味。

器，部分零件是意大利产，部分是哥特式的，没有自己独特风格，好处是宽敞、舒适，保养得很好，此外便没有什么值得一提的优长。他们很注重舒适，特别是卧室和梳妆室的细微末节。比如说在泰纳（Taine）的独自居住的卧室里，有两张梳妆台，一张配有旋转镜子，另一张上面放着一只剃须用的大缸子，一只小缸子，一只中等缸子盛热水，两个陶瓷脸盆，一个小碟里放着牙具，另外两只碟里放着肥皂，装水的大玻璃杯，供洗指头用的洗指碗，所有用具下面都放置一块餐巾。他认为这样做很有必要，因为洗漱时刻都在进行中。”

在威尔士的艾尔迪格（Erdigg）大厅，若宅内有人居住，每周都要洗2000多块餐巾。想想泰纳（Taine）一人要用30多块餐巾，如要招待客人出席宴会，2000多块应该不算很多。餐巾每早就要更换，每次送水进卧室都要换一块，剃须、餐前餐后、茶前茶后、洗浴前后，再加上客人，还有仆人等等，都需要使用餐巾。使用如此大量餐巾，就是因为地面上建筑物内无热水供应。

因为上等阶层家庭需要雇用大量仆人，所以1881年人口普查时，发现下面这一奇怪现象——5岁以上的女孩中十分之一都到这些人家里当了使女。英国贵夫人指挥着大批的使女来管理家务，而她本人连鸡毛掸子、拖把都不会去碰的。家里的一切，从厨房、餐厅、客厅、到卧室，从天花板到地板，从餐具到洗缝补缀，从端、倒、

1909年举行的皇家爱斯科赛马会。随着威尔士亲王和王妃恢复皇室车队沿着神圣赛马场入场时，爱德华七世与俄国亚历山德拉王后是经常莅临的嘉宾。每年六月举行的爱斯科赛马会是这一赛季最高级别的赛事活动。

洗涮，都由使妇、仆人去做。英国贵夫人确实悠哉乐哉好不自在。

靠贸易而不是靠土地发财致富的家庭有能力在乡下购置大片房产。一位在阿斯奎斯（Asquith）政府里任职的官员写道："我们拥有了新的工业，有了机动车，可以快速旅行，我们把苏格兰高地的一半地方变成了狩猎场，我们每年在射击、赛车、高尔夫等娱乐活动之上的花费，比许多欧洲公国一年的总收入还要多。丑陋的白墙面旅馆，缺乏创意的各种各样的招待，精美的宴会，都要花费大量钱财，可是却未能建起一座大教堂。维多利亚女王在其统治的后期也对其后代及其圈子里这种追求物质享受的不良倾向表示了不满。她要求其儿子及威尔士王妃放弃一味追求享受的娱乐活动，以便保持使整个英国为之自豪的节俭精神。女王从许多人那里听到，上等阶层成员从未有哪段时期像刚过去的60—70年这段时间这样轻浮、这么追求享乐、这么放纵、这么无所作为，未生活在这些社交圈里的人冷眼旁观，感到十分震惊。但是，女王说了白说，亲王依然我行我素，他那圈里的成员也是依然故我，豪无收敛。”

上流社会在皇家一年一度的爱斯科赛马会上(Ascot)所举行的各种晚会欢快奢华，而人们在家里却都是节衣缩食。嫁到英国贵族家的美国女士们发现过时的英国家庭价值观令人厌烦。玛丽·库尔松（Mary Curzon）作为一代美人和在美国的女性继承人曾过着官太太般的、市民般的生活。可是嫁给斯卡尔黛尔勋爵（Lord Scarsdale）之子乔治·库尔松（Curzon）后，她发现她丈夫的工作“偏离了每一种娱乐形式。” 她1896年写道，不准备去参加当年六月的皇家爱斯特赛马会。还有一件感到羞辱的事，康斯薇洛·范德比乐特（Consuelo Vanderbiet）是马尔伯勒（Marlborough）新一任女公爵，她肯定是那一赛季大红人，令她在赛会上光芒四射，艳压群芳。

斯宾塞伯爵夫人去野外狩猎。

威尔士亲王对夏天赛会极为热情，把新成立的皇家车队开到了神圣的赛马场。御驾莅临，使得爱斯特赛马会成为最为重要的一次盛会，使得淑女们在社交活动中极其光彩夺目，当然也是她们最得天独厚的享受。丈夫们又喝又赌，皇家围场是夫人们供人欣赏的展台。她们都戴着巨大的女帽，华丽的衣衫。在客厅里，张伯伦勋爵（Lord Chamberlain）拥有为皇家围场预留优惠购物券的权利，爱德华亲王确保他所有的女眷都能得到优惠券。

在19世纪80年代，有不少女士已拥有赛马。而且这些女士和职业赛马骑师多少都有较亲密的联系。赛马围场是上等阶层人士社交活动的场所，同时也成了骑师的活动场所，不仅如此，他们还成了这种场合的名星，他们低微的血统和训马语言，不仅没有吓跑那些时髦的女士，反而刺激了她们的胃口和猎奇心理。对此黑斯廷斯（Lady Hastings）在描绘一骑马师阿彻（Archer）那传说中的魅力时坦率地说出了上述的话。还有些女士喜欢与同自己地位相当的绅士们交往。在国王自己带着女友如凯珀尔（Keppel）夫人在19世纪90年代前来参加赛马会时，其手下人会在第一时间里安排好女士们的房间，一盘盘的三明治点心放在女士房间外边，表明她随时可以享用。

在威尔士亲王和王妃亲自关注与赞助下，赛马界有着强大的诱惑力。在赛马上押的注每次计算时都令人们激动不已。威尔士亲王一次下注高达600英镑。关于赛马围场的每一项活动，都令坚持维多利亚时代英国传统价值观的女士和士绅火冒三丈：夸耀摆阔，高昂的开支，华美的服装，无节制的赌博，"赌马票人"一会儿赢得盆满盂盈，一会儿输的不剩一文。对于昔日辉煌时代的淑女们，她们觉得这都是下等人的作为，即使是华丽的服装，至多也只能算是使女们做礼拜时穿的服装吧。总而言之，在一战前这三十年时间里，这里有两个截然不同的社交生活圈：一个以威尔士亲王，即后来即位的爱德华为首的社交生活圈，另一个以维多利亚女王为精神支柱的社交生活圈，即使在维多利亚于1901年去世后，仍然发扬着其节俭献身的传统美德。这两种力量，一种以聚敛惊人财富为特点，另一种则以继承传统美德而受人尊重而著称。

不像是赛马，狩猎逐步被保守的贵族人士接受。他们认为这是一项适合于女士的运动项目。在奥地利皇后伊丽莎白在于1876年汉普顿郡北部（Northhamptonshire）租借大片狩猎场时，王室就允许女士可以参与狩猎。皇后在绰号为“贝”（Bay）的乔治·米德尔顿上尉（Captain George Myddelton）的保护下，同皮赤勒·亨特（Pytchley Hunt）一道狩猎。“贝”是那个时代最具绅士风度的骑士。

他虽既无钱又无头衔也无财产，但不管走到哪里，哪里就像欢迎贵宾一样欢迎他。他一开始有点不太愿意“指导”皇后，可是像许多其他人一样，他被皇后那无穷的魅力迷上了。在“贝”陪同这位骑马皇后期间，他的未婚妻，为此倍感沮丧。皇后明确表示，她不怕摔下马来，只是不要把脸擦伤。其他淑女们也有不少对骑马打猎深感兴趣，她们为防止狩猎季节长湿诊，戴上面纺，有的戴上两层面纱，以防不测。

当然并不是所有女士都去参加狩猎的。有些人冷眼旁观其他女士出门去野外活动，有些人对女人外出活动深表怀疑，西贝尔温德哈姆夫人（Lady Sibell Wyndham）甚至对自己的丈夫外出狩猎都持有最忧郁的观点。除此之外，也不是所有绅士对女士们打猎持有一致赞同的看法。到了19世纪80年代，对狩猎抱有极大热情的布罗克（Lady Brooke），偷偷摸摸从早餐桌底下爬出去参加一天的狩猎活动。对此，她的老公公极为不满。因此，有些上等社会家庭的妻女们，在男主人不在家时才敢出去，在他们回来前再紧张进行着女红工作。

值得庆幸的是，从19世纪70年代开始，在女士们渴望参加室外活动之际，另一项与狩猎一样令人激动的运动项目呈现在人们面前：草坪网球运动在70年代中期由沃尔特·温菲尔德少校（Major Walter Winfield）开发出来。网球运动一经展开，立即受到人们的欢迎，女士们也从一开始就喜欢上了这一运动，不过是在私下开展。位于温布尔登（Wimbledon）的全英槌球（Crouqet）俱乐部于1874年修建了网球场，从财政方面为这项运动提

网球赛场盛况(1900)。从19世纪70年代发展起来的网球运动声速风靡英国，成为男女最喜欢的运动之一，也为媒妁提供了良好的机会。

供了保障。1877年，首届全英草坪网球俱乐部锦标赛开幕，只设男子草打项目。到1884年，又增设了女子单项比赛。从1913年开始，增加了男女混合双打和女子双打项目。

一开始，男女混合双打仅在私下打，未列入正式比赛项目，从1880年开始的男女混合双打，因为有异性球伴魅力的吸引，使得许多女士们都在这一体育活动中刻苦训练。维多利亚图书馆《淑女运动指南》一书的编辑于1892年就女运动员的服装提出了建议，并承认网球场也是谈情说爱的好地方。女士应避免穿白色鞋子，因为这样会使脚显得过大。最干净漂亮的衬裙外边应套一

层深蓝色斜纹哔叽布料的裙子及法兰绒裙子。虽然男运动员从尊重女士考虑从不向女对手大力发球，而且总是千方百计打回女士方向来的球，无论球的距离长短都礼貌地打回，以防止女士奔跑或摔倒。《运动手册》一书建议运动员全天都戴着低顶海员运动帽。在运动间隙休息或喝下午茶时，女士们可戴装饰华丽的头饰，以便留下俏影玉照。一位出生于美国的杰布夫人（Lady Jelb），位于剑桥地区皮特豪斯学院教务长的妻子（Master of peterhouse College in Cambridge）对网球联注到会甚为赞同，认为这样活动“花费低廉，一杯茶，几块点心，一盘葱油面包就可以打发，既可同朋友一道锻炼身体，又可增进友谊，形式也更轻松愉快，何乐而不为呢？”

莫利斯·巴林（Maurice Baring）在一本《九十年代》书中指绘道：1894夏天，突然有人就是为好玩消遣而骑自行车。几乎到处都有人骑自行车，如果不能到室外骑，他们甚至在室内骑。在巴特西（Battersea）公园，甚至还举办了自行车运动早餐会。人们到法国去参加自行车赛，讨论自行车的式样和牌号。在这个日子之前，没有几个上等阶层的女士在公共场合骑自行车，她们不参加这项消遣运动，不是因为害怕体力不支，而是形态不雅。所以在80年代，女士骑自行车受到很大的阻力。两腿叉开，而且还穿着裙子，甚至有人穿着糟糕的马裤，使男士们看了极为反感。在1882年，自行车巡游俱乐部明确规定：如果女士骑车外出，她们应该穿着朴素的灰色哔叽运动装，就像那些医生和教区牧师夫人所穿的服装。

有些女士骑自行车不够熟练，在途中上下坡、拐弯等难骑地段，有时不慎摔倒，因此引起一片喧哗。比较谨慎的女士为了避免这种难看场面，私自在家里练习，直到非常熟练后才到公众场合骑车，因为男士很难伴护一位女士在大众广庭之下骑车。不过，她们就是要冲破束缚，不仅冲破仅在公园里骑车的限制，而且要有自行车运动的尚武精神。

困扰着淑女们参加新创运动项目主要是服装，有一位淑女穿着海员的防水夹克、戴着防水帽、穿着防水衬衫参加了赛艇比赛。在激烈的竞赛结束后，她登上丈夫的汽艇，更换了衣服后，去喝午间茶。有一位女士在《淑女运动手册》中讲了穿哔叽泳装的事。泳装紧紧绷在身上，再加上她穿的是白色丝织长袜和白色凉鞋，下水前坐划船送到游泳处。她勇敢地从船上一头扎进水里，然后往岸边游去。当她从水里浮出水面时，岸上数百双眼睛都聚焦她的身上。这种泳装本来是为不下水的“巴黎淑女”设计的，因为她们既不会去跳水，也不会去游泳，只是在海岸边戏戏水。这种泳装一旦湿了水，便会完全透明，所以在第二天，这位女士便去购买了一套全黑的哔叽泳裙。

从19世纪70年代起，溜冰便开始流行起来，而且成了一种异国情调的娱乐活动。有许多出版物中记录中溜冰中出现的一种趣闻轶事。弗朗西斯·吉尔维特（Framaskilvert）牧师，很荣幸被正在与其他淑女们一道溜冰的罗伊斯顿勋爵（Lord

Poyston）撞倒。淑女们在河塘里文雅优美的溜冰姿态令人倾倒。有四人乐队伴奏，塘边伴有中国灯笼照耀，而溜冰者手持火把游动于冰上，火光点点。戴着皮手笼和盘花钮扣，使英国淑女们显得颇像来自寒冷北国的俄国女士。好一幅淑女溜冰图。

狩猎袋鼠也是那些勇于室外活动淑女们的娱乐项目。

除了剧烈的运动项目，园艺活动也日益受到淑女们的青睐。她们创造数百种的绿草带。内中植有多年生植物，不同颜色不同高度的花卉，使得园中百花争艳，姹紫嫣红。淑女们进行园艺活动时所穿服式和服式颜色也颇为讲究。浅褐色或浅绿色的工作服适用于夏天从事园艺活动，冬天穿着浅褐色则最为适宜。如果夏天从事园艺活动时,淑女们再配戴一个彩丝围兜更会增色不少,冬天增加一件深红色法兰绒女衫也会给人一种万绿丛中一点红的享受。对于那些经常进行这项活动的女士们准备好合适的套袖与手套是非常必要的。

即使有些不太习惯或不擅于在花园里劳作的女士们，她们也是非常喜欢各种花卉的。她们喜欢在房间里、客厅里摆上几瓶插花，以造成花色满园的效果。绘画中或摄影中经常有淑女手捧一盆鲜花。这种室内摆放盆景如此普及，如此盛行，以致房间里有时楼梯处连插足落脚之处都难以找到。

维多利亚时代后期淑女们生活中的另一项重要特点

1911年春，保姆和主管，婴儿车和宠物狗，注视着乘车者在海德公园沿路走过。撑伞把手拴在推车上，孩子们腿上绑着裹腿，虽不喜欢，但也颇具特色。

是积极从事慈善事业。她们所做的针织不是为了美化自己的居室，而是为了捐赠给穷人。沃尔维顿夫人（Lady Wolverton）在19世纪80年代开办了一家针织作坊。她的朋友玛丽·阿德莱德（Mary Adelaide）王妃，即泰克（Teck）女公爵从1880年代中期热情推进慈善事业，亲自和女儿玛丽王妃组织伦敦和苏瑞（Surrey）慈善分支机构。上等阶层女士们有的亲自组织、参与慈善事业，即使不能亲自参与其中，她们也竞相在其所在地区开办针织学校或训练班，培养穷苦家的女孩子学习针织技术。沃里克夫人（Lady Warwick）从19世纪90年代起，也大发善心，一改过去那些年作为威尔士亲王情妇的行为，于1890年在伊斯顿（Easton）开办了针织学校，后来在邦德大街（Bond

Street）又开设了一家商店，主要经销作坊里生产的刺绣等针织品。

已有子女的夫人们除了上述慈善事业外，还承担喂养、哺育穷人和急需帮助的子女，到贫民窟里向贫穷孩子分发食品，为非洲“黑人兄弟”募捐。他们极为热心照顾穷苦婴幼儿，而常常把自己的孩子撇在一边。就因为这些因素，孩子与母亲的关系不是十分亲密，甚至疏于孩子与保姆的关系。比如，詹妮（Jennie）的儿子，后来成为英国首相和著名政治家、获得过诺贝尔文学奖的温斯顿·邱吉尔去学校上学时，与保姆艾维瑞斯特

在城市住腻了，不妨到乡下去散散心，呼吸一点新鲜空气。

(Everest) 难舍难分，而对离开自己的母亲他却无所谓。这一时期的女士们，主要集中于公益事业、慈善事业，而无暇顾及自己的居室和子女。如果没有那些尽职尽责的保姆和仆女，她们子女的童年生活将会是非常艰难痛苦的。当然，林大什么鸟都有。有的保姆在家里肆意威胁、毒打幼小的儿童，把其关在房间里，折磨他们。可以想象，小孩子若是失去了父母的保护，在碰到恶毒保姆的情况下，会生活得多么凄惨。

那些因关心慈善事业而忽略子女的夫人们，为了平缓自己的内疚，给子女们一些精神补偿，她们为孩子购买了精美的儿童用墙纸，儿童室家具、儿童室餐具等。随着80年代小人书的出版，儿童用品已成迅速崛起的工业。英国著名女作家凯特·格里纳韦为儿童读物所作的许多精美插图都印在了托儿所壁缘上，护墙纸上、饭碗上、窗帘上。到了70年代末，托儿所、大户人家的儿童室都挂上了五彩缤纷的绘画，还挂有镶有金框的图画。在60年代托儿所里仅有不多白色厨柜和桌子，到了1881年，托儿所里就有了凯特·格里纳韦、沃尔特·克雷精心为儿童绘制的各种精美插图，如圣诞故事等。到了90年代，托儿所里的绘画内容更加丰富。孩子的母亲进来看望时，看到五颜六色的精美图画，自然喜不自胜，孩子们也被那些精彩的绘画故事逗得笑声不断。母亲对孩子们在这么好的环境里生活，当然就更加放心。

在上等阶层家庭生活方面，有些贵族挑选美国人，或名不见经传的英国人，而不是选择门当户对的贵族家的女儿为妻来光耀家室，那些具有奉献精神的母亲由此所产生的愤怒情绪便可想而知。家中的女孩子们首当其冲是母亲喧泄愤怒情绪的对象，因为她们未能吸引那些理想中贵族青年的注意力，而且还要忍受对其未来生活的可怕预测：将来肯定要成个“老佣人”。如果年轻姑娘们看看周围那么多年迈单身女人，她们就会感到不寒而栗。上等阶层的女儿们，在不出嫁之前，可以一直住在父母身边，她们的社会地位使她们不便参加劳动。斯坦利勋爵（Lord Stanley of Alderley）去逝后，其夫人很不情愿地在两个未婚女儿陪伴下迁移到霍尔姆伍德（Holmwood）的寡妇房屋去。这位母亲动辄把两个女儿当出气筒，使她们度日如年，因为这位寡妇极为厌恶这个小房子。寡妇的孙女后来写道“姑姑路易莎（Louisa）为此变得歇斯底里，拉内特（Rainette）姑姑因此患了心悸过速。”

康斯坦斯·玛丽纳德（Constance Marynard）是众多未婚女孩子与其母同住中的一位。在没有求婚者期间，她和未婚的姐姐就像“鸡圈里的两只鹰”。这些未婚女孩，一直住在母亲家，帮母亲做点家务，直到死亡才能割断这种联系。当然有些独身女子投身到公益事业中，也同样为社会尽了自己的力量。这一时期的上等阶层或中等阶层家庭还有些未婚女子，在家庭中发挥着辅助性作用。在其母亲去世后，她们可以帮助照顾年幼的弟妹。她们不能奢望人们专门关爱、照顾她们，也不能奢望得到一心一意的回报，有些人需要别人给予帮助、给予关心，而穷人是需要首先给予关心的。

在19世纪即将结束的最后十几年里，淑女们所开创的几项社会公益性工作，如教育、社会福利、护理病人等，都是已婚女子所不愿涉足而单身女士所热心从事的活动。

关于办学，到了19世纪80年代，最为时兴的是大规模的寄宿学校。寄宿学生一般多达二百人以上，还有同样规模的日间学校，或称私立走读学校。办学的先驱如巴斯小姐（Miss Buss）和比莉小姐都成了人们争相效仿的榜样。除了巴斯创办的伦敦

1911年6月17日，一群女作家聚集在作家协会的旗帜之下。有四万多妇女参加游行，支持全国妇女普选权协会（NUWSS）和妇女社会政治协会（WSPU）争取妇女选举权的活动。

北区学院（North London Collegiate），比莉创办的切尔滕纳姆女子学院（Cheltenham Ladies' College）之外，较有名的还有路易莎·鲁姆斯顿（Louisa Lumsden）1877年创办的圣·利昂纳兹（St.Leonards）学院。她在其回忆录中写道：服装看起来是件小事，不过自从孩童时代就萦绕在心。我想要宽松衣服，在奔跑、跳跃、爬树时都不受束缚。她在1873年到1882担任女院长期间，为女学生引进了平顶水手帽，很方便，此种式样很快就流行开来。

劳伦斯姊妹于1885年创办了柔迪恩女子学校，简·弗朗西斯·朵维1896年创办了威科比阿贝女子学校。各家女子学校都有自己的特色。第一代女子学校模仿借鉴

1913年，在康西尔小姐主持下的切尔滕纳姆女子学院的授课场面。

了男子公学的建筑风格、课程内容、团队伦理观念等。她们想把学生培养成献身公益事业的热心参与者。比莉较偏爱哥特式的建筑风格，切尔滕纳姆女子学院对自己学校拥有大量城堡、尖塔式建筑引以为豪。巴斯的学校因用具都用精美的木制品而傲步群雄。诸如此类还有很多。

除专业知识课程之外，体育和运动也是学校建设重要的组成部分。即使像创办于90年代规模很小的阿迪斯科姆比女子学院，也不得不考虑在学校附近购买土地建立运动场，适合于冬天的运动项目有曲棍球，适合于夏天的项目有网球、板球等。有的女子学校每年还举行一次板球比赛呢。

每所学院的活动中心是大会堂。每天早上院长召集学生来此开会。她热情洋溢地在此阐述学校的办学宗旨，每天都要不时重申这些精神，对表现优秀的学生给予褒扬，对不好的行为进行批评，她在此迎送邀请的贵宾，颁发奖状等活动也都在此处进行。学校对名人来访非常重视。比如，1883年特科公爵夫人作为贵宾来伦敦北区学院颁奖前两个星期，获奖人员便对如何行屈膝礼等方方面面开始了精心的准备。学校创办人的特殊贡献和业绩，优秀学生的良好表现，皇室成员、政界要人、学术名流等的造访，都是学校引以为荣的方面。如果因某些不检点行为给学校名誉带来不好影响，学校也深感不幸。学校的名望是她们生命中重要的部分，每个教职员工、每个学生都倍感珍惜。

大学女子学院和女子学校的建筑师们都承认各自的独立地

19世纪90年代，贝德福德学院化学实验室一瞥。该校主要由兰哈姆地区一批女慈善家创办，后来成为伦敦大学第一所女子学院。

位。第一批大学女子学院，位于伦敦的女王学院、贝克福德学院等，是由教师培训学院发展而来的。比莉小姐在70年代开办了附属于其学院的女子培训学校，旨在为其学院输送足够的教师。除了比莉开办的教师培训学校及其他几所教师培训学校，女子学院在伦敦、牛津、剑桥建立的女子培训学校外，其他女子师范学校便寥寥无几。

无论女子接受何种高等教育，她们可拥有的工作机会依然很少。90年代后，专业教师的地位开始下降，就业机会就开始减少。早期的一些优秀教师，因为人才匮乏，她们年纪轻轻就当了校长。可是到了90年代，校长的空位子很少，因为原来年轻时上任的女校长依然占着位子不愿意退下来。不过，在80年代甚至到了90年代，学生家长及学生本人对上过大学的老师都怀着一种敬畏的心理。进入90年代后，上大学机会增多，人们已不像原来那样对有大学文凭的老师那么敬重。早期的开创精神，那种神圣的母女师生纽带慢慢衰退。学生们觉得老师们那种献身精神有点迂腐过时，觉得老师不太了解外边的世界，对老师很看重的独身生活也颇不以为然。在这戒备森严的学院大墙内，她们到哪里去找丈夫呢？进入20世纪，女学生的母亲对女校长那种独断专行有些踌躇不定，而在此之前，她们却心甘情愿把管教女儿的大权恭手交给校领导。对此有这么一个故事。一位受误导的市长给女校长朵维小姐写了一张便条，询问可否让女儿晚一天到校，这样她就可以出席一个重要活动，尽一个公民的义务。这位顽固的女校长回信说：现在不到永远别来。还有一件事也颇为典型：一位学生给巴斯校长带来一封其母亲装在信封里的信。这位女校长捉摸不定的火爆脾气来了：难道除了拆信封她就没有更重要的事要做了吗？如果每一封信都封得严严实实，她一上午还能做什么呢？一周有多少分钟，一年有多少分钟……？在20世纪初，母亲们奋力反击，想把女儿从那种古怪的寄宿学校里抢回来。寄宿学校曾过分强调的荣誉、忠诚、团队精神，在现实世界中体现不出真正的价值。争取的结果不言自明，她们还是继续把女儿送往寄宿学校，到运动场上拿奖杯，去学习数学，以便在牛津、剑桥等处举行的资格考试中取得好成绩。寄宿学校，作为年轻女子之家这一地位终于确立了下来。

淑女们所从事的所有活动中都浸透着基督教的伦理和利他精神。路易莎·哈波德也像南丁格尔小姐一样对护理病人颇感兴趣。她60年代以后对为帮助贫民教区的培训护士、教师的女执事工作产生了浓厚兴趣，她请其朋友为培训女执事事业慷慨解囊。在1870年教育法颁布后，她说服了富有的朋友捐款使她在奇切斯特（Chichester）成功创办了奥特尔（Otter）比尔学院，为女子学校培训老师的学校。申请人数激增，哈波德小姐于1875年创办了《妇女工作手册》，介绍职业、训练机构等详细资料。在同一年，她又创办了《妇女学报》，后来改名为《工作与休闲》报。

伊格哈姆皇家霍洛韦学院的可可饮料晚会。这种活动营造一种温馨的家庭晚宴氛围，非常有利于孩子的心理健康。

弗洛伦斯·南丁格尔（Florence Nightingale）第一年为这个刊物写了一系列文章。在克里米亚战争后期，医院护理工作成了女士职业中一个少人问津的工作。南丁格尔小姐创建的南丁格尔护理学校在业务不景气时依然坚持了下来。虽然南丁格尔呼吁女士们报名学习，但直到布尔战争爆发，爱国热情才促使人们踊跃参加护理工作。在（俄罗斯末代皇帝之妻）亚历山德拉王后于1902年创办《亚历山德拉王后护理学校》(Queen's Imperial Nursing Service)的示范作用带动下，参加护理的人数激增，许多女士都积极投入了护理工作。泽福瑞纳·维齐（Zepherina Veitch），即史密斯夫人，是最早的一批淑女中成为护士的一位。

19世纪的接生婆以“放荡”、“邪恶”著称，并配有漫画对其讽刺这完全是罪有应得。为争取获得专门的训练机构培训接生医生进行的斗争从1876年开始，直到1903年才成立。中央接生婆委员会。维齐（Veitch）小姐对人们的冷漠进行了批评。她1876年从护理工作中退休时在《工作与消闲》刊物上撰文，呼吁改进接生工作的标准。在她这篇论述有力的文章影响下，在哈波德小姐的鼓励下，1881年成立了总护士长（Matron）急救协会，或称训练接生婆登记协会。起初，在哈波德小姐家，即泽福瑞纳·史密斯医生（Zepherina Smith）家开会。协会起初几年未取得什么成果，直到1886年才有转机。“接生婆”这个字在哈波德小姐的朋友圈子里致人“脸红”，把其当作一项职业在淑女界引起强烈的抵触情绪。婴儿随时都可能降临人世，接

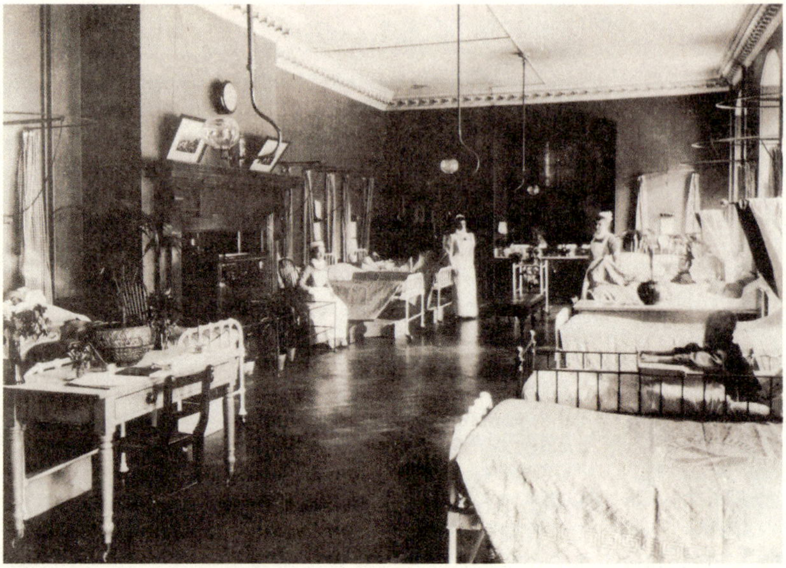

19世纪80年代，伦敦的圣·巴塞洛缪医院，病房阴暗，护士在里面辛勤工作着。

生婆可能在深更半夜无人伴护下出门工作。哈波德小姐在当时各种限制下已尽了最大努力，她不可能自己去当接生婆，请有影响的人物前来赴会也颇有困难。同时，她还要考虑到丈夫的职业和地位，弄得不好，对其声望和医生工作都会造成致命的伤害。

护理工作对那些希望看到女儿成家并有工作的父母亲是个机会。它确实是促成婚姻成功的途径之一。感恩戴德的病人家庭很可能提出求婚要求。这种情况确实发生了。泽福瑞纳·维齐（Zepherina Veitch）就是一例。医院里的医生、外科医生等都是未来丈夫合适的人选。当时在医护界有种错觉，认为护理只是婚前的一项短期工作，而不是终身为之的职业。

虽有女医生以优异成绩从医科大学毕业，但却依然受到男医生的围剿和攻击。当索菲亚·杰克斯·布莱克（Sophia Jex-Blake）和三位女士进到大厅领取医学学位时，同学们牵了绵羊进来，以示对女医学学生的不满。演讲人命令把动物牵出去，女学生留下。索菲亚·杰克斯·布莱克（Sophia Jex-Blake）意志坚定地于1874年创办了伦敦医学校（LSM）。在伦敦所有医院中，只有皇家自由医院接受该校女学生前来实习，以积累学位所需要的实践经验。

对女士可否成为医生，淑女界内部也有不同看法。一位就学于巴斯小姐女子学院的一位学生，校长希望她成为一位老师，而她自己则想当一名牙科医生。校长巴斯小姐对她说，别异想天开，哪有女人当牙医的呀。可这位学生出于逆反心理就是要当牙医，碰巧发现爱丁堡（Edinbargy）医学院愿意招收她。结果她如愿以偿，成了班里名列前茅的优等生。女孩子从学校毕业，希望进入大学继续深造，毕业后不从事学术性工作，而进入文职或行政部门工作，可在工厂、学校或医院担任检查员职务。这一职位是女士在文职部门担任的最高级别的工作。一旦她们结婚，可能就不得不放弃这项工作，对此，米莉森特·盖瑞特·法赛特（Millicent Garrett Fawcett），伊丽莎白博士（Dr. Elizabeth）的姊妹就是一个例子。她们可在邮电部门担任主管，因为邮电局录用很多女工。总之，在一战前，女士们总是担任级别低于男士同行的职务，这是不争的事实。

抱负不大的淑女们，经过商学院几周的训练后就可到所在地商会去做文秘工作。秘书工作十分普遍，我们从狄更斯的小说中可见一斑。1874年打字机发明后，为女士提供了施展才华的天地。速记、函授课程等也吸引了不少年轻的女士。

杰西·布切瑞特（Jessie Boucherett）和致力于慈善事业的女士们开办学校，招收没有技术但却希望找到家庭女教师工作的女士，她们还开办秘书班。1901年，作家亨利·詹姆斯（Henry James）聘用了一位名叫玛丽·威尔德（Mary Weld）的学员。后来因威尔德小姐出嫁后，詹姆斯又长期聘用了西奥多拉·波斯盖特（Theodora Bosauqnet）小姐。直到1916年作家逝世。这位秘书精明、能干，富有献身精神。留着短发，穿着男式衬衫，意志坚定，富有自信。她是新时代女性的代表。

令人敬佩的单身女子数量的增加主要有两个原因：从1870年代以后，中等阶层的单人女子大都在外工作，而且畅所欲言。她们认真工作，但对不平等的条件也敢于提出批评。已婚女子大都待在家里，她们的抱怨一般都不为人所知。所以单身女人看似过剩。不过，确实存在一个难题。在扩张中的大英帝国从中等阶层家庭中征招了大量的行政管理人员，英国在印度的各个文职部门，英国军队，在香港的海关部门等每年都需要招募大量男子行管人员，而这些人只是到了退休年龄后才让其离开。此外，还需要大量的建筑师、测量员，工程技术人员，医

莫德·伯克利小姐在未婚之前住在怀特岛生活自画像。她后来成为一位上校的第二任妻子。

务人员，律师，教育人员等等。这些人赚了大量钱回国后要找年轻漂亮的女子为妻，不愿找其儿时的玩伴，因为她们已过了生育的最佳年龄。除此之外，自然灾害，内乱，疾病也使一些男子英年早逝，留下极需照顾的孤儿寡母。

许多妇女结婚成家后便一天到晚忙于家庭业务，用以填补空虚的精神世界。她们忙于烧饭做菜，装饰点缀居室。维多利亚后期，人们居室里到处是优雅别致的布置，说明家里女主人在这上面花了大量的时间。这是她们消磨时光的最佳方式。

还有些青年女子，既无婚配也不出去工作，她们待字闺中，陪着父亲下棋，为母亲弹弹吉他，帮助照顾弟妹，佣人病了，她们就帮助母亲洗洗涮涮。有时应朋友之邀出去玩玩，做一些慈善工作，闲得无聊时在家里与姊妹们捉迷藏，把父母亲房间的画取下来再挂上去。总之一句话，千方百计自造一些乐趣，以打发漫长的无聊时间。

女作家玛格丽特·奥利芬特（Margaret Oliphant）工作是因为生活所迫，而且牺牲了自己文学理想，花很

下午五点俱乐部茶会。一些有事业心、意志坚强的女士经常举行一些讨论会。

多精力照顾家庭。她的丈夫是个艺术家，于1859年逝世于意大利。玛格丽特当时年仅31岁，已有两个儿子，还有一个遗腹子。丈夫不仅没给他们留下什么遗产，还欠了人家1000英镑的债务。玛格丽特已是有十年写作经验的作家，现在每年出两本书，以维持一家四人的生活所需。她把两个儿子送到了英国最好的私立学校伊登公学去上学。随着境况的好转，她家人口不断扩大，包括一个堂姊妹，三个侄子，还有其已年近中年的兄弟威廉。她因家务事繁忙，每天只有不到两个小时的写作时间。

玛格丽特从切身经验中感到，一个母亲在没有男保护人给予经济支持的情况下要想持家是多么的艰难，心里压力是多么巨大。要靠工作维系生计的单身女子越来越多，大家也都见惯不怪。特别是那些年近55岁的老年妇女，护理和教育单位不愿雇用她们，她们又没有养老金可领，日子过得异常艰难，她们这些单身女子的家庭，在经济萧条时期已经自身难保，哪有力量帮助他人。这些“悲伤淑女”还包括一直盼望着婚姻机会但却从未有机遇的女士们。1892年，报纸上满是关于这些“悲伤淑女”故事的文章。有一位母亲及其女儿见其单身女邻居情景可怜，便伸出援助之手，于1897年创办了悲伤淑女援助协会。针织艺术和装饰画成为其主要收入来源。《淑女园艺指南》作者建议女士们把园艺作为其职业。一女子学院1891年于斯旺勒（Swanley）创办了园艺学院，只要花70—80英镑，女士就可以学习植物学、化学、动物学、物理学、簿记等科目。沃里克夫人（Lady Warwick）于19世纪90年代末创办了好几所学校供妇女们学习、进修，这些农业课程如养蜂等都较轻松，不用花多少钱和时间就可以学会。然后只要用少量投资，妇女们就可通过种花、零售等获得一些收入。学习烹饪也是女士们的一个学习课程。学成之后，她们可以到郊区或乡村开饭馆、小吃店等。只要投资150—300英镑，她们的小店就可开业，并有望不断兴旺起来。在城市里，女士们可以开茶社、餐馆，为出远门的女士提供餐饮服务。

购买家具，大家都不约而同去位于托滕哈姆（Tottenham Court）路上那家久负盛名的迈普勒斯（Maples）家具店。在1882年，迈普勒斯有2100家客户，其中包括英国皇室和国外皇室。1875年，特科公爵（Duke of Teck）弗朗西斯（Flancis）从该处订购了一套崭新黑色橱柜。而那些“自炫博学者”和美学运动的追随者则喜欢光顾摄政王路亚瑟·李波特（Arthur Liberty's Regent Street）的商店。他每日收入颇丰，因为客人钟情于他的开士米运动衫。19世纪末兴起的美学运动是那些血统并非没有问题的人追求优雅派头和风尚以提高身份的手段。从商有侮家门这种思想在英国士绅社会依然根深蒂固，尽管有些财阀大亨攻进

19世纪90年代中期，时尚服装颇为流行。1881年，线条简单朴素而且贴身的女式西服出现了，起先具有男式特点。其他服式，适合于那些好动女士服装也已出现，其中有衬衫、领带等，受到众多女士的喜爱。

了威尔士亲王的上层社交圈。开创女子学院先河的比莉小姐，作为女院长，她90年代绝不允许“从商”家的女儿进她的学校读书。不过，一旦“商行”卖掉，在乡间购置房地产，这家人就可像士绅一样抬起头来，其家中女儿也可进入任何一所女子学校就读。

1914年3月于伯明翰市政大街。乡镇的淑女也和城市里的女士一样，具有艺术眼光和审美情趣。画中呈现的是对工艺和艺术品热心的工艺家和珠宝设计师。

这里有一个很典型的例子。迪尔曼·毕查尔（Dearman Birc）虽出身于纺织品实业家庭，但从1860年代开始同家里业务拉开了距离，以提高自己的士绅品味。他于1869购置房产，住处离格洛斯特（Gloucester）大学近在咫尺，集有大量中国南京工艺品。他不再过问商务方面的业务，在乡间格洛斯特郡（Gloucester Shire）过起了乡绅的消闲生活。他的第二任妻子艾米丽来自利兹（Leeds），也很快适应了乡间的清闲生活，甚至鼓励丈夫改善自家的园艺。迪尔曼雇用了优秀的园艺师，引进了国内外一些奇花异草、园艺美景，使自家园艺超凡脱俗，别具一格。艾米丽在乡间别墅生活得潇洒自在，对伦敦的艺术也颇感兴趣。他们夫妻俩已没有了任何商家的铜臭痕迹，尽管迪尔曼直到70年代末才正式从利兹（Leeds）实业中彻底抽身出来。艾米丽是一个地地道道的现代女性和母亲。她1879比预产斯提前两月生了一个女儿，当时他们夫妻俩正在去直布罗陀和北非的海上乘船游览，艾米丽平静地把婴儿交给奶妈，让她把“小家伙”带回到格洛斯特郡（Gloucester Shire）的家里，而这夫妇俩却仍旧继续着他们的旅游行程。为此，具有老一代人传统思想的迪尔曼母亲写了几封十万火急的信，催促儿子、儿媳在坐月子期间赶快返回，艾米丽请回国的人捎带了回信，而他们却依然故我，直到六个星期之后，艾米丽和迪尔曼才很不情愿地返回家乡。

有些从商者、实业家金盆洗手，不再从事这些工作，他们把原来的纺织业务中得到的收入用于购买绘画、家具和书籍。然而也有些人不是那么幸运，他们从商界、实业界退出并开始其乡绅生活后，发现生活失去了乐趣和活力，总是那么惨兮兮的。我们不妨看看下面这个例子。比阿特丽克斯·波特尔（Beatrix Potter）的父母从各自的父母亲处继承了靠棉纺业发家而赚的大量遗产。他们于1865年搬迁到伦敦一幢大房子里。他们悠闲地在客厅里消遣，比阿特丽克斯·波特尔在位于房子顶层的儿童室里由奶妈抚养，在这种环境里成长，直到1900年她开始写儿童故事。1913年40多岁后，比阿特丽克斯坚决要求嫁给一位来自坎伯兰郡（Cumberland）的律师。她的父母试图阻止这桩婚姻。尽管比阿特丽克斯是位十分孝

1909年于奈茨里奇进行的销售活动中，妇女政权论积极分子面带微笑，热情支持潘克伯斯特的妇女社会政治协会的活动。游行中发生了暴力，摧毁了亨利·詹姆斯画像，砸碎了商店的窗户等。

顺的女儿，但她还是坚持自己的选择。她对律师说：“我们属于律师法官这一行。”十年前，比阿特丽克斯的父母曾拒绝了一位出版界男士的求婚，拒绝原因很简单。因为他是出版商，出版商就是商人，而商贸都是地位低下的行业，因此是颇不受人敬重的职业。20世纪前十年，英国淑女呈多种特点：有的穷困，有的富有；有的待在家中，有的外出到工作市场找工作；有的对相夫教子引以为荣，有的把独身当作保持尊严的标志。然而，就我们所了解的淑女中，没有一个继续坚持原来英国淑女的标准。参加争取选举权妇女运动的女士们，都戴着别有羽毛等饰物的阔边花式女帽。这一运动的发起人玛丽·金斯莉（Mary Kingsley）听到有人责难说她戴着低圆顶软毡帽，穿着民族服装就非洲问题发表演讲后，她动员大家都戴阔边花式女帽。她颇有点像前辈先驱弗洛伦斯·南丁格尔，对能借助男士力量为女同胞谋福祉倍感欣慰。她说道：我在非洲事务上做任何事情都借助男士的帮助。她在1895年就有人攻击她是新女性时为自己做了如上辩护。许多妇女认识到，女性缺乏自信是削弱其力量的主要原因。确实如此，在那些与好战的争取妇女普选权人士进行辩论过程，许多人都很担心：她们的许多姊妹们都挥起了铁拳，这可能不太合适。反对普选权俱乐部主席汉弗莱·沃德（Humphrey Ward）夫人认为，争取普选权分子在使用暴力方面浪费了宝贵的精力。她们应把这些精力放在妇女教育、社会工作和地方政治活动方面。

几乎没有几位人士批评她们的目标是过分的要求。但也不可否认，在妇女所进行的各种运动中，依然有着基督教义和屈从的烟幕在对她们产生不利的影响，使她们在从事妇女运动过程中瞻前顾后，裹足不前。

淑女们总是考虑为他人服务。淑女们首先考虑的是为穷人谋福利，而不是摆脱自己身上的各种束缚。她们组织起来为解决穷人的定居房不断努力，她们为妓女的解放、为工厂工人的福利、为店员的待遇而向政府请愿。她们对作为组织者、演讲者所取得的成功保持着低调，从不张扬。她们认为本人成功与否无所谓，而妇女事业的成功才是重要的。过去从未有什么除家室之外可供其效力的其他事业，她们只把家务当作其生活的主要目标。只有当她们摆脱这种屈从、礼节礼貌、自我贬低等典型传统淑女价值观的束缚，只有当她们从淑女的光环里跳出来，她们才有希望和男士们并驾齐驱。否则她们将永远被男同胞们远远甩在后头。第一次世界大战把淑女们从传统的从属地位中解放了出来。如果没有第一次世界大战，没有在这次战争中使她们认识到自己的价值和能力，淑女可能还要摸索蹒跚更长时间。

约克公爵夫人1933年在一个公园游园会上垂钓香槟酒瓶，以此帮助伊丽莎白医院救助困难儿童。英国淑女通过这种娱乐活动为慈善机构筹集了大量资金。

尾声

情绪低落时期的淑女

1914-

第一次世界大战的到来，英国闲散的男士赶赴到了法国战场上，留守的女士们一下子失去了精神支柱。值得庆幸的是，她们在后期因经历了众多磨难，慢慢变得坚强自立起来。比如，伊迪丝·萨默维尔（Edith Somerville）在其兄弟上前线之后，为其照顾大群狩猎犬，还从自己的写作中获得经济收入。其他女士则经营着丈夫的房地产业。各行各业的淑女们发现，她们有着过去想象不到的惊人吃苦耐劳能力。丹曼（Denman）女士成为伤病人烟草委员会和家禽协会主席，在1917年成为妇女协会首任主席。

伊迪丝·西特韦尔（Edith Sitwell）在一家体恤办公室（Peusions Office）工作，住在贝斯沃特（Bayswater）公寓里。她的兄弟回家休假探亲时，带着客人帕特里克·坎贝尔（Patrick Campbell）夫人前来喝茶。这位艺人问她为何不使用银质茶匙，伊迪丝平静地回答：因为家贫购置不起。帕特里克夫人1917年演出获得巨大成功，收益颇丰，当即给伊迪丝寄来12只上等银质茶匙。

淑女们认识到，她们在战争期间所遭受的损失和所做出的牺牲，比在战场上的男士们要小得多。男士们在战场上会有伤残生命之虞，他们是为神圣事业而战。维拉·布里坦（Vera Brittain）在英国自愿救护支队工作，她从1915年12月发布的新闻中得知，她的未婚夫即将回家探亲，正在回来的途中。她终日思念未婚夫，现在终于可以见面了，她高兴地在圣诞之夜专门到“维多利亚车站”旁边一家发廊做了头发。她计算好，未婚夫乘船将于第二天晚些时候到家，所以肯定可以在节礼日那天见到日思梦想的亲人。她在圣诞节那天专门到医院的小教堂里作礼拜，祈祷未婚夫按时平安回家。可是到12月27日，有人告诉说有她的电话。她“高兴地跳起来，终于可以听到亲人那盼望已久的声音了。”抵到后，她接到的只是一个口信：她的未婚夫从未离开过法国。未婚夫的妈妈刚刚接到一封电报，说她儿子12月23日因伤势过重已经牺牲。

战时伤亡情况令人震惊，军官伤亡数量远比士兵为高，约为三比一。许多妇女从未能从自己心中偶像的突然亡故的恶耗中解脱出来。母亲失去了儿子，妻子失去了丈夫，姊妹失去了兄弟。在战争之前，大家都在一起时，似乎没有多大感觉，一旦失去，才真正感到那种亲情是何等的珍贵。亲人的突然牺牲，给家里的母亲、姊妹、妻子、儿女的打击，犹如天蹋地陷一般。使她们感到眼前一片黑暗，使她们没有了希望，不知道到底发生了什么，也不知道如何面对将来。

第一次世界大战改变英国淑女们的生活，使她们不得不直面未来凄苦的生活。令淑女们没有想到的是，她们在战争期间的突出表现和献身精神给了她们生活的自信，使她们拥有了指挥才能。而在战争之前这些都是属于男士的。这场可恶的战争若使淑女们有所收获的话，那就是她们通过最艰苦的努力，赢得了全英国人的尊敬，她们赢得了选举权。从1919年开始，妇女都有了选举权。

妇女在30岁才拥有选举权。不过，埃斯特子爵夫人南茜（Viscocentness Astor，Nancy）和艾特霍尔公爵夫人（the Duchess of Atholl）都成了议员。还有不少妇女参与了地方和国家政治生活，有了发言权。在妇女们积极参与下，1924年保守党代表大会通过了《商品标志法》（Merchandise Marks Bill）。可能还有人要求妇女待在家里，这种压力依然存在，但她们已不再会轻意屈从这种压力。有人出书建议妇女学习“建筑学”，以便为自家营造一个温馨的居室。

在政治上崛起并取得成功的女士日渐增多。但大多数妇女还是再次把注意力转向了家里。把原来的工作让给了男士们。战争带来的损失，遗产税的增多，再加上经济萧条，管理家务显现了多元化。虽然发明了家用电器，如吸尘器等，但女士们在家更加忙碌。因为电器只能帮助主妇少付出一些劳动，但里里外外都需要她关注。因经济困难，很少人能雇得起仆人。甚至连请家庭女教师，都感到吃力，因为家无隔夜粮，如何供应他人用餐。

尽管如此，《家庭女教师协会就业部》1938年登记有365个职位，其中177个是家庭女教师。在英国，人们对家庭女教师很重视。只要有空余房间，人们还是希望请个人。她既可以帮助家里料理一些家务，又可以帮助教育家中小孩学习。

不过，随着时代的推进，女教师这一行当处境日益窘迫。她们被人瞧不起，本人因此也怀有一种怨恨情绪，所以，主雇之间的关系很难融洽相处。

虽然家庭女教师这一行当日渐不景气，但淑女中当小学老师者却不乏其人，而且一直是女士们关注的行业。

并不是所有淑女们都遭受了经济困难，被剥夺了富足的经济的享受。战争结束后，上层阶级许多纨绔子弟和美妇放纵于安逸享乐之中，以期补偿战争给他们带来的享受损失。1919年举行皇家爱斯特赛马会，与战前的豪华赛马会相比，几乎未见丝毫逊色。1925年，乔治五世对英国青年那种一天到晚吃喝玩乐，虚度光阴的放浪行为提出了批评。战后短暂平静的英国遭受各地的罢工、1929美国证券交易市场的崩溃等打击，国势日衰。到1933年，英国失业人数高达300万。

但是伦敦大都市的生活依然是丰富多彩的。从1935年起直到第二次世界大战爆发这段时期，伦敦又有一段辉煌的社交活动期。托马斯·比查姆爵士（Thomas Beecham）1934年把歌剧引介到英国考文特花园（Covent Garden）演出，并使之迅速流行起来。英国淑女现在极少亲自演奏，她们喜欢到伦敦音乐会大厅欣赏他人演奏。喜欢音乐的女士们一接到邀请，就赶到演出地点去欣赏。淑女在演出季节经常光顾的地方有皇家学院（Royal Academy），皇家赛马展会，奥尔德肖特塔图（Aldershot Tattoo）野外军事射击演习场，温布尔登（Wimbledon）网球赛，德比（Derby）赛马会，艾斯科赛马会，古德伍德公园附近举行的赛马会，等等，都是淑女们喜欢去的热闹去处。享受了一段热闹的社会生活后，英国后来又经受了第二次世界大战的洗礼。伦敦的公园成了防御工事，人们为打仗认真紧张从事着各种工作。战争结束后，女士们不再隐退到家务工作中，1951年，43%的已婚妇女参加了工作，到1961年，工作妇女上升到50%。许多妇女，既照顾家里事务，又在外面工作。1954年有报导说，她们把“烹饪当作一项乐事”。原来那种传统的观念，即把淑女看作是悠闲的家庭妇女和母亲，传统的职业，即淑女只适合于当教师等都在不断消失之中。慈善工作虽然与往日大不一样，但淑女们还是可以做点这方面工作的。现在的慈善工作主要是帮助老年人。

从20世纪50年代开始，原来认为是淑女们的领地发生巨大变化。那些具有历史意义的古建筑陆续被推倒，取而代之的是高楼大厦，因为物价飞涨，原来的深宅大院已难以维持，主人只好把房地产交给国家信托公司，而他们则在（曾专供老父老母或老年亲戚居住的）老奶奶套间里艰苦度日。当然也有些家庭，虽然经济困难，还是设想把房屋保留了下来，以便后代有房居住。有些旧式房主家的老年妇女，因其房舍古香古色，浸透着历史的沧桑，从美国等地来的远道游客，很喜欢到这里来观光游览。当地的老年妇女，便顺应潮流做起了导游、茶点等生意。至于原来居住在乡下的乡绅们，在战后也发生了很大的变化。在1914年到1977年这几十年间，情况发生了根本性的改变。列在1914年乡绅名单的人数有一半离开了原来的房地产，但是户主的多样性却大大增加了。原来是单一的乡绅，而现在则出现了出版商、工业家、医生、房地产经纪人等，他们成了新型的“乡绅”。

对那些观察家们来说，把英国淑女的发展史进行简单浏览一遍，似乎比真实情况更能使人觉得满足。今天的英国如果还有淑女的话，那也只是十分有限的，即只是存在于某些条款中或某些慈善机构中。“淑女”在不久的将来，将可能只是一页辉煌的历史而已。